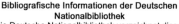

Bibliografische Informationen der Deutschen Nationalbibliothek
Die Deutsche Nationalbibliothek verzeichnet diese Publikation in der Deutschen Nationalbibliografie; detaillierte bibliografische Daten sind im Internet unter http://dnb.d-nb.de abrufbar.

© 2013 Eva-Maria Eleni

Layout, Satz u. Gestaltung:
kukmedien.de, Kirchzell und E. M. Eleni

Herstellung und Verlag:
BoD - Books on Demand, Norderstedt

ISBN: 978 3 7322 3243 7

MIX
Papier aus verantwortungsvollen Quellen
Paper from responsible sources
FSC® C105338

Das *Geschenk* der *Liebe* für *Dualseelen* und alle wahrhaft Liebenden

Eva-Maria Eleni

Inhalt

	Seite
Vorwort	7
Liebesbeziehungen verändern sich	11
Annehmen	20
Festgefahrene Situationen	26
Angst vor Veränderung	35
Was du bist	38
Die Suche nach Liebe	41
Angst vor Fehlern	43
Verstrickungen	48
Was ist Realität?	54
Träume	59
Meditation	66
Herzebene	68
Herzmeditation	78
Der Umgang mit den Gefühlen	84
Unterschiedliche Entwicklung bei Partnern	97
Selbstliebe	109
Die Macht der Vergebung	115
Übung zur Vergebung	123
Dualseelen	126
Übung, dein wahres Sein zu erspüren	162
Urkräfte des menschlichen Seins:	
Männliche und weibliche Energien	165
Abschließende Gedanken	186

Anmerkung:
Die Autorin verzichtet zugunsten einer verständlicheren Lesbarkeit, bei Begriffen <*Partner/Liebespartner*> darauf, die jeweils weiblichen Formen <*Partnerin / Liebespartnerin*> ebenfalls anzuführen.
Selbstverständlich betrifft der Inhalt Männer wie Frauen in gleichem Maße. Der Leser wird höflich gebeten, die entsprechenden weiblichen Formen gedanklich zu ergänzen.

Vorwort

Es gibt ein Thema, das die Welt in Atem hält. Es entzieht sich in so vielen Bereichen dem, was wir für ein normales Leben halten:
Die Liebe und unsere Liebesbeziehungen.
Wir leben in einer Gesellschaft, welche die Wissenschaft über alle Maßen verehrt. Alles muss erklärt, im besten Falle sogar kontrollierbar gemacht werden. Doch gibt es Bereiche unseres Lebens, die sich einer solchen Betrachtungsweise immer wieder erfolgreich entziehen.
Das Leben selbst, die Liebe und der Tod sind nichts, was wir je beherrschen könnten - auch wenn wir oft genug in die Falle tappen, unser Leben für kontrollierbar oder berechenbar zu halten.
In der heutigen Zeit jedoch erkennen wir mehr und mehr, dass das nicht alles gewesen sein kann.
Jeder, der der wahren Liebe je begegnet ist weiß, dass sie sich den gängigen Regeln so erfolgreich zu entziehen vermag und uns oft verwirrt zurücklässt. Groß sind die Enttäuschungen. Viele haben ihren Glauben an sie verloren. Und doch - tief in uns selbst wissen wir ganz genau, dass es da doch mehr gibt. Wir sind nur nicht mehr in der Lage zu begreifen, was da vor sich geht.

Die Liebe ist wild und unberechenbar. Sie fragt nicht um Erlaubnis, wie sie sich zeigen darf, oder wann wir Zeit für sie haben. Die wahre Liebe ist unpraktisch und stellt unser Leben auf den Kopf. Sie nimmt sich was sie will und wann sie es will.
Sie versteht es wie kaum etwas Anderes, was uns in unserem Leben je begegnet, uns zu verwirren. Sie stellt unser Weltbild sowie unsere Vorstellungen auf den Kopf.
Alle wahrhaft Liebenden spüren ihre Kraft. Sie wissen tief in sich, dass sie sich ihr nicht entziehen können. Jedoch

wird viel unternommen, um gegen dieses Wissen anzu-
gehen.

Je länger wir versuchen, die Liebe unseren Vorstellungen
und Schemen zu unterwerfen, umso unglücklicher werden wir. Die Liebe scheint zu verschwinden. Wir bleiben
verstört und ratlos zurück.
Wie konnte es so weit kommen, dass wir an der Liebe
verzweifeln?
Was haben wir über die Liebe und das Leben selbst nicht
verstanden, dass wir immer wieder vor den Trümmern
unserer einstigen Träume stehen? Woran liegt es, dass so
viele Liebesbeziehungen auseinander gehen?

Dieses Buch möchte dir eine andere Sichtweise des Lebens und der Liebe aufzeigen. Eine Sichtweise, die ungewöhnlich sein mag, wenn man sich mit diesen Belangen
bisher wenig beschäftigt hat. Um die Liebe auch nur annähernd zu begreifen und uns mit ihr zu versöhnen, müssen wir eine neue Sichtweise entwickeln.

Dieses Buch gibt dir einen Einblick in einige unserer vielen Irrtümer, die dem Leben unserer Liebe im Wege stehen.
Es möchte dich an die Liebe selbst, in ihrer unbezwingba-
ren Kraft erinnern.
Es will dir begreiflich machen, welches Geschenk sie dir
offenbaren möchte. Das Geheimnis der Liebe jedoch kann
nur entdecken, wer gewillt ist, es auch zu lüften.
Es kann eine Herausforderung sein, das Leben aus einem
anderen Blickwinkel zu sehen. Es mag mitunter verstö-
rend sein, die eigenen Irrtümer erkennen zu müssen.
Doch wie die Liebe nun einmal ist, macht sie was sie will.
Sie will uns genau an all jene Dinge erinnern, die wir vergessen oder nicht wahrhaben möchten.

Ich selbst fühle mich als Forscherin, Beobachterin und Entdeckerin der Liebe und des Lebens selbst.

Meine Leidenschaften waren seit jeher in den Bereichen der Psychologie, insbesondere der Tiefenpsychologie und Philosophie angesiedelt. Das Leben und die Liebe haben meinen Weg entscheidend geprägt, mich wiederholt vor Herausforderungen gestellt, denen ich nachgehen musste. So kamen Jahre später tief greifende Erfahrungen in Energetik, Seelenreisen und Schamanismus hinzu. Alle diese Bereiche ergänzen sich wunderbar und eröffnen einen umfassenderen Blick auf das Leben. Der größte Lehrmeister ist und bleibt jedoch immer das Leben selbst.

Um die Inhalte des Buches besser transportieren zu können, war es mein Wunsch, dem Leser die Möglichkeit eines Perspektivenwechsels zu ermöglichen. Aus unserer menschlichen Perspektive sind wir stark eingebunden in das was uns umgibt. Von hier aus fällt es uns schwer, einen klaren Überblick zu bekommen. Auch jede Lösungsfindung ist schwierig. Sobald es uns aber gelingt, uns selbst zu beobachten, also eine neue Perspektive mit einem gewissen Abstand einzunehmen, lassen sich viele Sachverhalte klarer erkennen. Das Einnehmen der Position des Beobachters – für einen gewissen Zeitraum - ist ein sehr effizientes Mittel leichter all dem zu begegnen, was uns das Leben und die Liebe aufzeigen möchte.

Ich habe mich daher dazu entschieden, in diesem Buch dem Engel der Liebe das Wort zu überlassen. Wer könnte besser eine beobachtende Position einnehmen, ohne dabei die Liebe selbst aus den Augen zu verlieren?

Ich habe mich zudem einer, im schriftstellerischen Sinne etwas ungewöhnlichen Methode bedient: Der Leser wird in unterschiedlicher Form angesprochen. Einerseits soll sich der Leser als Teil der momentanen menschlichen Entwicklung und Veränderung begreifen, die nicht als

isolierte Besonderheit einzelner Individuen gesehen werden kann, sondern vielmehr als allgemeine Tendenzen.
Andererseits wird der Leser auch immer wieder individuell angesprochen, um dabei näher auf verschiedene Ausprägungen und Unterschiede einzugehen.
Würde ich auf diese immer wieder wechselnden Perspektiven verzichten, würden diese wichtigen Aspekte verloren gehen.

Ich gebe ausschließlich jene Informationen weiter, die ich im Leben selbst überprüft und als hilfreich erlebt habe.
Hilfreich ist alles, was dazu dient Gelassenheit zu fördern, unnötigen Druck abzubauen, sowie die Sicht auf das Wesentliche frei zu legen.
Hilfreich ist, was dazu dient, dass die Menschen sich selbst verstehen lernen.
Hilfreich ist, was einen wahrhaft friedvollen und ehrlichen Umgang der Menschen miteinander fördert.
Wenig hilfreich hingegen wäre es, neue Konzepte zu erzeugen, die Druck aufbauen, Verhalten aburteilen, Schuldzuweisungen machen und die Distanz der Menschen nähren und fördern.

Was uns der Liebe wieder näher bringen kann, ist uns auf sie einzulassen. Wir müssen wieder lernen, ihre Sprache zu verstehen.
Ich hoffe, dass dieses Buch meine Leser ein Stück auf diesem Weg begleiten kann, damit sie die Liebe wieder entdecken!

Eva-Maria Eleni

Liebesbeziehungen verändern sich

Vieles unter den Menschen ist starken Veränderungsprozessen unterworfen.

Die Liebesbeziehungen funktionieren nicht mehr so, wie es noch vor einiger Zeit der Fall war.

Alles ist im Wandel, denn ihr Menschen verändert euch. Veränderung ist ein völlig natürlicher Prozess des Lebens. Nichts kann ihn aufhalten. Da ihr euch selbst innerlich verändert, ist es völlig normal, dass sich der Umgang mit euch selbst und in der Folge der Umgang mit euren Mitmenschen verändert. Ganz automatisch müssen sich alle eure Beziehungen, sei es nun zu euren Partnern, zu euren Kindern, Arbeitskollegen, Freunden und zu allen Menschen, mit denen ihr in Kontakt tretet, verändern.

Allgemein gesprochen befindet sich die Menschheit an einem Punkt, wo sie sich stark wandelt. Die inneren Wandlungsprozesse, die jeder von euch durchläuft, ganz egal ob ihr das nun bewusst wahrnehmen könnt oder nicht, machen euch sehr viel sensibler und feinfühliger.

Ihr seht euch gezwungen, dass ihr einen anderen, liebevolleren Umgang mit euch selbst entwickelt. Ihr könnt nicht mehr alles genau so machen, wie ihr das noch vor wenigen Jahren konntet. Eure Toleranzgrenze, eure Nervensysteme wie auch eure Körper zeigen euch stärker Grenzen auf.

Ihr hinterfragt mehr und werdet euch immer mehr bewusst, dass es in eurem Leben etwas Anderes gibt.

Eure gesamte Einstellung euch selbst gegenüber, sowie zu eurem Leben ist inmitten großer Veränderungsprozesse.

Wie könntet ihr da denken, dass ihr eure Liebesbeziehungen immer noch gleich fortsetzen könnt?

Die Menschen lernen nun wieder liebevoller miteinander umzugehen. Doch ist das nichts, das über Nacht geschehen kann. Veränderungsprozesse brauchen ihre Zeit. Die Menschen müssen sich nach und nach wieder öffnen und ihren Herzen wieder vertrauen lernen. Einige Menschen lernen schnell, andere scheinen hinterher zu hinken. Das gehört dazu.

Das ist der Weg der begangen wird und auf dem ihr euch schon eine Weile lang befindet.
Dieser Weg kann mitunter wirklich steinig sein.
Damit ihr euch auf den Weg machen könnt, müsst ihr erst erwachen.
Dafür müsst ihr erkennen, dass vieles was ihr bisher für normal gehalten habt, doch nicht ganz so schön ist.
Tief in euch wusstet ihr das schon längst. Beinahe jeder Mensch hat ein wunderbares Feingespür dafür, ob sein Handeln ihn wirklich tief glücklich macht oder nicht.
Oft genug wurdet ihr durch äußere Umstände gezwungen euch selbst zu verraten. Nicht selten fand und findet Selbstverrat auch in euren herkömmlichen Beziehungen statt. Einfach nur deshalb, weil ihr noch nicht gelernt habt, was es heißt vollkommen zu euch zu stehen.
Ihr könnt das noch nicht, solange ihr euch selbst noch für klein und wenig wertvoll haltet. Je weniger ihr euch selbst innerlich achtet, je weniger Respekt und Liebe ihr für euch selbst empfindet und je härter ihr mit euch selbst umgeht, umso liebloser und härter geht es auch in euren Beziehungen zu.

Nach wie vor gibt es Liebesbeziehungen die wunderbar sind. Viele Paare entdecken sich nun wieder ganz neu und finden einen neuen Zugang für ein Neues miteinander.
Ein Miteinander, das auf eine andere Basis aufgebaut ist, als eure alten, verkrusteten Beziehungsmodelle. Doch das

bedeutet auch, dass ihr den Mut aufbringen müsst, klar hinzusehen und zu erkennen.

Ihr schafft das nur in Liebesbeziehungen, in denen es Raum für beide Partner gibt. Beide dürfen und sollen sich verändern und entwickeln.

Wenn eine Liebesbeziehung aber nur dann Bestand haben kann, solange keine Veränderung geschieht, dann werdet ihr bereits mit großen Problemen zu kämpfen haben.

Die Liebe lässt sich weder einsperren, noch an Bedingungen knüpfen.

Diese Veränderungen in eurem Inneren bedeuten auch, dass euch zum Beispiel gewisse Muster und antrainiertes Verhalten aufzufallen beginnen – sei es nun bei euren Mitmenschen oder bei euch selbst.

Noch vor einiger Zeit fiel es euch weder auf, noch störte es euch. Doch das ändert sich nun. Euer Blick wird klarer und ihr durchschaut mehr.

Oft spürt ihr es schon, auch wenn es nicht greifbar sein mag: Das kann nicht alles sein!

Es gibt noch tief sitzende Dinge, zu denen ihr nicht so leicht einen Zugang findet, die euch jedoch von wahrem Glück und tiefer Liebe zu trennen scheinen.

Was ihr noch nicht so leicht erkennen könnt, sitzt so tief in euch, ist so stark mit eurem bisherigen menschlichen Sein verwoben, dass ihr es nur schwer erkennen könnt.

Doch es bestimmt euer eigenes Verhalten enorm.

Ihr habt viele Erwartungen und ganze Listen voller Dinge, die ihr durch eine Liebesbeziehung erfüllt sehen möchtet. Ihr habt große Erwartungen und Hoffnungen an eure Partner.

Nicht selten sucht ihr euch eure Partner auch danach aus, ob sie zu euren Vorstellungen passen. Ihr wisst zum Beispiel aus welcher sozialen Schicht er oder sie kommen soll.

Ihr habt Vorstellungen über Aussehen, Benehmen, und noch vieles mehr.

An euch selbst habt ihr mindestens genau so viele Erwartungen, wie an eure Partner.

Es ist wichtig, dass euch das bewusst wird, denn es bestimmt – von euch oft unbemerkt - euer Verhalten und ihr seid nicht wirklich frei.

Wenn ihr selbst nicht wirklich frei seid, so ist es auch eure Liebe nicht.

Ihr glaubt, dass die Erfüllung eurer Erwartungen euch Glück bescheren würde. Ihr setzt eure Erwartungen mit Liebe gleich. Ihr meint, wenn ihr eure Erwartungen erfüllt seht, dann wäre das ein Beweis oder Gradmesser für Liebe.

Man könnte fast denken, dass ihr die Liebe eingetauscht habt, gegen etwas, das auf euren geheimen inneren Listen steht.

Dabei passiert aber etwas, das euch am Ende nur unglücklich macht: Ihr verliert die Liebe selbst. Denn die Liebe ist Widerspruch zu jeder Unfreiheit.

Ihr habt begonnen vieles mit Liebe zu verwechseln oder gleichzusetzen. Eure Beziehung werden kompliziert und anstrengend, wenn ihr denkt zu wissen was alles in eine Beziehung gehört oder was dort nicht sein darf.

Eure geheimen inneren Listen bestehen aus einer Ansammlung an Ideen und Wertvorstellungen.

Ich bin mir sicher, einige davon kommen euch recht schnell in den Sinn, wenn ihr diese Zeilen lest. Andere aber sind so tief in euch vergraben, dass ihr nicht bemerkt, dass sie euch insgeheim von der wahren Liebe trennen.

Diese geheimen, euch unbewussten Vorstellungen und Erwartungen sind durch alles entstanden, womit ihr im Laufe eures Lebens in Berührung gekommen seid.

Sie bestehen aus einer Ansammlung von Dingen, die ihr als <normal> bezeichnet, weil ihr nichts Anderes kennt.
Es sind Strukturen, die ihr gesehen und erlernt habt, die euch anerzogen wurden.
Es gibt auch Strukturen, die von Generation zu Generation weitergegeben wurden.
Natürlich lebt ihr heute nicht mehr so, wie es eure Urgroßväter gemacht haben. Doch wenn es um die Liebe geht, da sitzen gewisse sehr alte Vorstellungen immer noch tief in jeder Zelle eures Körpers.
In euren menschlichen Körperzellen sind sämtliche Informationen aus diesem Leben, sowie aus allen euren bisherigen Leben abgespeichert. Ihr tragt sozusagen eine Art Erinnerungscode in euch.
Dieser Erinnerungscode - solange er nicht erkannt wird - prägt euer Verhalten und entscheidet auch sehr oft darüber, was ihr gut findet und was euch nicht gefällt.

Dieser gesamte Erinnerungscode ist für euch sehr präsent. Er macht euch im schlimmsten Falle blind - blind für das, was euch geschenkt wird, blind für das Leben und die Liebe. Doch nur so lange, bis ihr es hinterfragt und durchschaut.

Das was ihr erlernt und was an euch weitergeben wurde, ist zu eurem Maßstab für die Liebe geworden.
Ihr habt oft strenge Bewertungsschablonen, nach denen ihr alles einteilt.
Ihr habt sehr genaue Vorstellungen darüber, was sein darf und was nicht sein darf und daher dringend korrigiert werden muss.
Doch das ist keine Liebe!
Ihr versucht, sie zu messen, zu beweisen, aber ihr findet sie trotzdem nicht.
Ihr könnt sie nicht finden, denn ihr sucht sie an den falschen Stellen.

Liebe ist nicht messbar und wird es auch nie werden!

Suchen wirst du die Liebe, das ist gewiss.
Das ist der Beginn, wo du dich auf die Reise zu dir selbst machen wirst.
Liebe ist einfach alles, das Dunkle wie das Helle. Sie ist das, was euch gefällt aber auch das, was euch nicht gefällt.
Ihr habt alle schon die Erfahrung gemacht, dass euch etwas widerfahren ist, was ihr nie wolltet.
Am Ende jedoch, mit etwas Abstand, habt ihr meist erkannt, dass dieses Ereignis auch etwas Gutes bewirkt hat.
Euch wurde eine Erfahrung geschenkt, um etwas zu erkennen.
Vielleicht habt ihr plötzlich erkannt, dass ein Mensch gar nicht so war, wie ihr es zuvor gedacht hattet. Vielleicht hat euch ein schlimmes Ereignis plötzlich die Augen geöffnet für etwas, das ihr zuvor nicht sehen konntet. Dieses Ereignis, hat vielleicht dazu geführt, dass ihr euch selbst, andere Menschen oder euer Handeln plötzlich in einem anderen Licht sehen konntet.
Das ist es, wie eure menschliche Erfahrungswelt aufgebaut ist.
Keiner von euch wäre heute so, wie er jetzt ist, ohne all seine Erfahrungen.

Liebe ist alles was ist, und weil das so ist, kann sie auch nie fehlen.
Tatsächlich ist es so, dass auch euch nichts fehlt.
Ihr wollt und werdet herausfinden, dass ihr in Wahrheit das bereits seid, was ihr sucht: Liebe!

Noch begreift ihr das nicht, was das wirklich für euch und euer Leben bedeutet. In manchen Momenten könnt ihr es vielleicht tief in euch fühlen.

Ihr befindet euch jetzt gerade auf diesem Weg dorthin, dieses auch wahrhaft zu begreifen - bis ihr es eines Tages tief in eurem Zellgefüge verankert haben werdet.
Dann erst werdet ihr frei sein.
Eure Liebe für euch selbst und zu euren Mitmenschen und Partnern wird frei und bedingungslos sein. Das ist der Nährboden für eine tiefe, wahrhafte Liebesbeziehung, frei von sämtlichen Vorstellungen und Bedingungen.
Damit dieser Prozess überhaupt in Gang kommen kann, müsst ihr einige Situationen erleben, die euch die Augen öffnen, euch wach rütteln. Ihr werdet nach und nach aus allen Situationen und festgefahrenen Strukturen heraus geworfen werden.
Ihr würdet das freiwillig nicht wollen.

In eurem momentanen Entwicklungszustand möchtet ihr keine unangenehmen Ereignisse erleben. Auch diese Abwehr ist in eurem Zellcode verankert. Aufgrund eurer tief abgespeicherten Muster neigt ihr viel eher dazu, schlechte Gefühle wegzubekommen.
Nicht selten benutzt ihr dafür das, was ihr „Schuld" nennt. Ihr meint immer noch sehr häufig, wenn es jemanden gäbe, der die Schuld für etwas zu tragen hätte, dann würde es euch besser gehen.
Doch in Wahrheit ging es euch dadurch nie besser. Eine eurer größten Aufgaben ist es, einen versöhnlichen Umgang mit euren unerwünschten, schlechten Gefühlen zu finden. Ihr hättet diese Gefühle nicht, wenn sie nicht sein sollten!

Zusätzlich ist euer momentanes Leben oft dermaßen kompliziert und voll gestopft mit Verpflichtungen, dass ihr euch die Zeit für Veränderungsprozesse nicht nehmen würdet.

So sorgt euer Leben mitunter dafür, dass ihr die nötige Zeit bekommt, wann immer es wirklich nötig ist. Dein Leben lässt sich nicht von deinem Willen kontrollieren.

Es weiß besser als du selbst, was du brauchst. Es sorgt immer wieder einmal dafür, dass Raum frei wird und etwas Altes weg bricht.

Denn erst frei gewordener Raum kann wieder mit etwas Neuem gefüllt werden.

Wenn euch also in eurem Leben etwas abhanden kommt, dann könnt ihr davon ausgehen, dass von diesem Etwas zu viel da war.

Ihr müsst erst innerlich leer werden, damit etwas Neues in euch und durch euch entstehen kann.

Indem ihr dieses <zu viel> verliert, werden euch plötzlich all die Verstrickungen, Vorstellungen, Verwechslungen bewusst, die daran geknüpft sind. Eure Hoffnungen, die meist nichts anderes als Erwartungen an eure Partner oder an euch selbst waren, werden zerstört.

Meist geht das einher mit viel Trauer, Wut, Hass, kurzum mit allen Gefühlen, die ihr lieber nicht haben würdet.

Gleichzeitig werdet ihr aber in die Lage versetzt, diese Vorstellungen zu verlieren.

Aber das fällt euch oft sehr schwer, weil ihr so gerne festhalten würdet. Ihr möchtet lieber die schönen Dinge behalten, anstatt die tief sitzenden unerlösten unangenehmen Gefühle durchleben zu müssen.

Ihr meint dann oft ganz automatisch, es hätte etwas mit Schuld zu tun. Ihr meint dann oft, ihr selbst oder euer Partner hätten etwas falsch gemacht. Doch dies ist nicht der Fall.

Ein relativ unkompliziertes Leben führt jener, der die Dinge, die von ihm gehen möchten erst gar nicht festzuhalten versucht.

Diese Gelassenheit zu entwickeln ist keine einfache Sache. Es ist ein Prozess des Erkennens, aber – und das ist das große Geschenk - es ist der Weg in die Freiheit!

Tief in euch, da habt ihr es schon immer gespürt. Tief in euch konntet ihr euer Herz und eure Seele nie wirklich erfolgreich und dauerhaft belügen. Der Schein der Dinge vermag euch eine Zeit lang zu blenden, doch erkennt ihr tief in euch schon bevor euch etwas abhanden kommt, dass irgendetwas nicht ganz so schön ist.
Nicht alle Menschen können sich das ehrlich eingestehen. Das macht aber nichts, denn das Leben lässt sich nicht kontrollieren und was nicht für dich bestimmt ist, das bekommst du entweder erst gar nicht oder es bleibt dir nicht.

Annehmen

Gelassen all das annehmen zu können, was euch begegnet, ist eine der schwierigsten Meisterschaften, die ihr momentan erlangen könnt.

Es mag sich einfach anhören. Allerdings bekämpft ihr innerlich so vieles, was euch selten bewusst ist.

Letztlich bleibt euch aber gar nichts Anderes übrig, als das anzunehmen, was euch widerfährt.

Du kannst vieles bekämpfen, doch das was dir widerfährt geschieht, ganz egal wie sehr du dagegen angekämpft hast.

Eure Welt ist voller Kämpfe. Menschen wehren sich gegen etwas, das nun einmal geschieht. Überall sucht ihr nach Lösungen, doch ihr geratet dabei in so eine Hektik und in einen Kontrollzwang, der euch jede Freude am Leben raubt.

Oft wird mit Annehmen aber etwas verwechselt, was euch mit gutem Grunde Angst macht. Ihr setzt Annehmen manchmal gleich mit *„euch alles gefallen zu lassen"*. Dies ist jedoch nicht gemeint.

Gehen wir einmal davon aus, dass euch etwas begegnet was neu und ungewohnt für euch ist.

Jetzt gibt es die Möglichkeit, dass es jemand gewohnt ist, in der Rolle des Opfers zu sein.

Ein Opfer fühlt sich oft vom Leben betrogen. Es denkt, nichts Besseres zu bekommen und lässt viel über sich ergehen.

Ein Opfer ist jemand, der sich grundsätzlich alles einfach gefallen lässt.

Es übernimmt dabei aber keine Verantwortung für sich selbst.

Ein Opfer stellt sich lieber tot. Es unterdrückt beinahe alle Gefühle, die schönen Gefühle, die es nicht ehrlich zulassen kann, aber auch die schlechten Gefühle wie zum Beispiel Wut.

Diese Unterdrückung und äußerliche Abstumpfung aber richtet unbemerkt und tief in jenen Menschen Schaden an.

Diese Unterdrückung ist das Gegenteil von Zulassen und Annehmen.

Diese innerliche Unterdrückung weist dich, solltest du zu jenen Betroffenen gehören, aber darauf hin, dass du dich selbst ein Stück weit aufgegeben hast, dich vielleicht schwach fühlst und dich selbst für etwas bestrafen willst, oder dir die Schuld an etwas gibst.

Ich betone noch einmal, das ist nichts, was mit Annehmen gemeint ist!

Beim Annehmen geschieht etwas Anderes:

Du begegnest einer Situation und fühlst in dich hinein, was sich in dir regt. Es macht nichts, wenn du ängstlich bist, oder vorsichtig.

Im Gegenteil, wenn euch etwas Neuartiges widerfährt, dann gehört das einfach dazu.

Wichtig ist, dass du bei dir bleibst und dich beobachtest und eben genau das wahrnimmst, was sich in dir regt.

Du wirst dabei einige Dinge herauszufinden, die du brauchst, um Verantwortung für dich selbst und dein Leben übernehmen zu können.

Einige Fragen, die dabei wichtig sein können sind folgende:

Was macht diese Situation mit mir und was empfinde ich tief in mir?

Was gefällt mir?

Was passt zu mir?

Was ist wirklich wichtig für mich und meinen Weg?

Wo sind meine eigenen Wunden tief vergraben, die in dieser Situation plötzlich wieder in mein Bewusstsein rücken?
Wo lasse ich mir etwas bieten, das mir nicht gut tut?

Diese Fragenliste ließe sich natürlich beliebig fortsetzen.
Es geht darum, die Antworten für dich zu finden.
Vielleicht kannst du dein Leben und deine Liebesbeziehungen aus einem anderen Blickwinkel heraus betrachten: Als ein Testfeld für dich, um etwas auszuprobieren.
Du hast die großartige Möglichkeit etwas kennen zu lernen und zu entdecken, um anschließend entscheiden zu können ob es zu dir passt oder nicht. Du kannst herausfinden, was dich wahrhaft glücklich macht, indem du deinen wahren Gefühlen lauscht.

Wenn du nun etwas Negatives in deiner Partnerschaft erlebt hast, dann geht es auch hier nicht darum, deinen Partner oder dich selbst mit Schuldgefühlen zu behaften.
Dein Partner und du, ihr macht, was ihr tun müsst, für euch beide!
Das bedeutet keineswegs, dass du das nächste Mal genau dasselbe wieder erleben musst und in ständiger Wiederholung alles über dich ergehen lassen sollst.
Das ließe sich dann wieder mit der Opferrolle vergleichen.
Es gilt für dich hinzusehen und zu schauen, was eigentlich mit dir passiert.
Kannst du Verantwortung für dich übernehmen?
Kannst du Entscheidungen treffen, dir eventuell Hilfe oder Rat holen?
Oder ist es für dich einfacher, wenn du jemanden anderen für deine Lebensumstände verantwortlich machen kannst?

Ein Beispiel, damit du den Zusammenhang erkennen kannst, will ich dir nennen:

Manchmal entdeckst du vielleicht, dass eine Situation in deinem Leben immer wieder kehrt. Es ist also eine Wiederholung von etwas Altem, etwas das du kennst.
Es kann sich um eine alte Verletzung handeln, eine Zurückweisung zum Beispiel. Sie kann aus deiner Kindheit stammen, oder aus einem früheren Leben. Das ganz genau zu wissen ist hierbei nicht so entscheidend.
Eines ist aber wirklich wichtig zu wissen:
Die Liebe hat immer den Wunsch dich heilen zu lassen!
Doch du kannst erst heilen, wenn du erkannt hast, dass da etwas ist, das nicht heil ist. Damit du es erkennst, muss dich jemand auf deine Schmerzen erst aufmerksam machen.

Tiefe Wunden und Schmerzen haben bei den Menschen die Eigenschaft, dass sie nach einer gewissen Zeit so normal geworden sind, dass sie vergessen werden. Sie gehören zu eurem Selbstverständnis. Sie haben sich tief in euer Zellgefüge eingegraben und sind für euch das, was ihr „normal" nennt.
Doch geheilt ist davon nichts. Die Zeit heilt eure Wunden und Schmerzen nicht. Ihr vergesst lediglich, dass sie da sind, weil sie für euch zur Gewohnheit geworden sind.
Nun braucht ihr jemanden, der euch an eure Schmerzen erinnert. Das übernehmen häufig eure Partner oder auch eure Kinder, weil ihr dazu neigt eher unverbindlich mit vielen anderen Beziehungen umzugehen.

Das ist Liebe!
Sie macht dir das Geschenk, dir vor Augen zu führen, wo du nicht heil bist.
Dort tut es dir weh, ohne dass du es bemerkt hast. Dort fühlst du dich abgeschnitten von deinem wahren Sein.
Dort sind die Schmerzen, die keiner zu heilen vermag, solange sie nicht gesehen und berührt werden.

Jetzt denkst du vielleicht, dass es doch eigentlich egal wäre, wenn du an bestimmten Punkten nicht geheilt bist. Vielleicht glaubst du, solange keiner diese wunden Punkte berührt, solange stören sie dich nicht.

Das ist ein Irrtum!

Obwohl du sie nicht mehr wahrnimmst, bestimmen sie trotzdem über dein Leben. Aufgrund dieser Erfahrungen und Wunden hast du es dir angewöhnt in bestimmten Situationen, entsprechend zu reagieren. Dein Verhalten ist also nicht frei und unbekümmert, sondern deinen verkrusteten, alten Wunden angepasst. Vermeidungsverhalten ist es, was du dir angewöhnt hast. Vermeidung bedeutet Einschränkung und Einengung. Vermeidung ist wie ein Gefängnis, gebaut aus unsichtbaren Mauern, die du nicht überwinden kannst.

Wie könnte die Liebe, die nichts mehr liebt als deine Freiheit, dich dort belassen?

Bisher hast du alle möglichen Ideen und Vorstellungen darüber gesammelt, wer du bist.

Deine gesammelten Wunden und Schmerzen spielen dafür eine große Rolle, da sie zu deinem Selbstverständnis gehören.

Diese Sammlung wurde ergänzt durch deine zahlreichen Begegnungen mit Anderen. Sie haben auf eine gewisse Art und Weise auf dich reagiert.

Erst durch ihre Reaktion auf dich hast du begonnen etwas über dich selbst zu glauben. Du hast ihr Bild von dir zu deiner Vorstellung über dich selbst gemacht.

Doch all das sind nur Sammlungen von Gedanken und Vorstellungen.

Du hast dabei vergessen, dass du Liebe bist, nichts als reine Liebe.

Selbst wenn du davon schon gehört hast, tief in dir weißt du es trotzdem noch nicht.

In deinem Zellgefüge sind noch andere Muster stärker wirkend, daher vergisst du es immer wieder.

Noch hat es dich nicht in der Tiefe deines Seins erreichen können.

Zu stark sind noch all die anderen Überzeugungen, die du von dir hast.

Was wäre es für eine Liebe, dich dort zu lassen wo du jetzt bist:

In Unwissenheit darüber, wer du wahrhaft bist - wie strahlend schön und wunderbar?

Festgefahrene Situationen

Es gibt einige Beispiele für festgefahrene Situationen, die nicht selten dazu führen, dass Paare ihre Liebe zueinander nicht mehr spüren.

Ein Beispiel für eine solche Situation ist, wenn einer oder beide Partner sich gegenseitig Vorwürfe machen.
Wie entstehen Vorwürfe eigentlich?
Euer Partner erfüllt nicht, was ihr euch von ihm erwartet.

Oft sind Vorwürfe ein beliebtes Mittel, um seinen Willen durchzusetzen.
Beharrt jeder auf seinem Standpunkt, dann verhärten sich die Fronten, bis ihr euch eines Tages womöglich nichts mehr zu sagen habt.
Dieses Beharren ist oft nichts Anderes als ein Machtkampf. Dort wird ausgetestet, wer wohl als erster klein beigibt, oder wer wohl im Recht ist und wer nicht. Das setzt aber auch die Einstellung voraus, dass nur einer von beiden im Recht sein kann.
In so einem Fall ist eine Beziehung eher mit einem Kriegsschauplatz vergleichbar unter dem Deckmantel der Liebe.
Das macht euch nicht glücklich, nur denkt ihr oft, wenn ihr euer Recht einfordern könntet und euer Partner nachgeben würde, dann wärt ihr glücklich.
Aber auch das ist ein Trugschluss. Ihr könnt nicht gegeneinander ankämpfen und in der Folge erwarten, dass euer Partner euch glücklich macht. Entweder seid ihr gemeinsam, miteinander glücklich oder keiner von euch ist es.
Was wäre nun, wenn beide Standpunkte gleichwertig angesehen werden könnten? Was wäre, wenn es nicht mehr darum ginge, wer denn nun Recht hätte, sondern darum, dass es einfach verschiedene Ansichten und verschiedene Bedürfnisse gibt?

Denn das dies so ist, ist ganz natürlich.

Vorwürfe werden euch dauerhaft nicht weiter bringen und trotzdem haben sie manchmal ihre Berechtigung, so lange sie nicht zum Dauerzustand werden.
Ich möchte nicht wieder neue Verhaltensregeln für euch aufstellen - davon habt ihr schon viel zu viele.
Ihr seid Liebe!
Wollt ihr diese Liebe in ihrer reinsten Form leben lernen, ist es ist nötig, dass ihr wieder in euren ursprünglichen, natürlichen Zustand zurückkommt.
Dazu gehören einfach alle Erfahrungen, die ihr macht.

Wenn du also zum Beispiel feststellst, dass du deinem Partner über einen langen Zeitraum hinweg Vorwürfe gemacht hast und sich trotzdem nichts verändert hat, so wirst du irgendwann erkennen, dass dies nicht der Weg ist, der dich weiter bringt.
Du steckst fest. Deine Liebesbeziehung ist festgefahren und fühlt sich nicht mehr sehr nach Liebe an. Wenn du ehrlich mit dir selbst bist, dann spürst du das ganz genau.
Der erste Befreiungsschritt ist der natürlichste von allen:
Du erkennst, so geht es nicht weiter.
So löst sich langsam die festgefahrene Struktur und du öffnest dich für etwas Anderes.
Diese Öffnung alleine reicht schon aus, um etwas Neues in dein Leben zu bringen.
Jede Reise beginnt mit dem ersten Schritt. Der ehrliche Umgang mit sich selbst ist die wichtigste Voraussetzung!

Eine andere Möglichkeit des Feststeckens ist, dass du nicht derjenige bist, der jemandem Vorwürfe macht. Vielleicht hast du einmal erfahren, dass dir nicht zugehört wird und deine Bedürfnisse keine Beachtung finden.
Vielleicht bist du eher zurückhaltend. Womöglich hast du bereits einiges kommentarlos hinuntergeschluckt.

So kann es nun genau die Überwindung für dich sein, die es jetzt braucht, doch einmal richtig auf den Tisch zu hauen und klarzustellen, was dir nicht passt. Es kann nun genau diese Überwindung sein, die gleichzeitig deine Befreiung aus deinem alten Muster für dich ist.

Egal wie festgefahren eine Situation für dich ist, der erste Schritt für dich wird sein, dass du erkennst, dass du es nicht mehr so haben möchtest.
Der Schritt der folgen muss ist, dass du deinen Anteil an dieser Situation erkennst und durchschaust.
Diesen, deinen Anteil kannst du jederzeit verändern! Das liegt ausschließlich in deiner Macht!

Im Laufe eures Lebens habt ihr etwas erlernt, das euch nun im Wege steht. Ihr denkt, ihr müsstet euer Verhalten und eure Handlungen so ausrichten, damit ihr bei eurem Partner ein bestimmtes Ergebnis erzielen könnt. Ihr handelt, weil ihr etwas erreichen möchtet.
Als Kinder habt ihr diese Strategien entwickelt.
Ihr habt ausprobiert, welches Verhalten euererseits bei euren Eltern welche Reaktion auslöste.
Ihr wart als Kinder natürlicherweise von euren Eltern abhängig. Ein Kind weiß das und passt sich daher automatisch an das Verhalten seiner Eltern an.
Natürlich probieren Kinder alles Mögliche aus und stellen ihre Eltern auf die Probe. Sie passen ihr Verhalten dann entsprechend den Reaktionen ihrer Eltern an.
Dieses Anpassen ist euch sehr vertraut. Kein Wunder also, dass ihr das zunächst auch später noch anwenden möchtet. Das ist das, was ihr kennt, was euch vertraut ist.

Heute aber, da ihr Erwachsen seid, seid ihr nicht mehr abhängig. Ihr könnt selbst für euch entscheiden. Ihr seid gefordert, Verantwortung für euch selbst zu übernehmen.

Das bedeutet, dass ihr erkennt, dass ihr mit euerem Partnern, zumindest eine Zeit lang, ein ähnliches Spiel von Aktion und Reaktion wie früher als ihr noch Kinder wart, spielt.

Auch hier testet ihr, vielleicht teilweise bewusst, aber immer auch unbewusst, welches Verhalten bei eurem Partner eine bestimmte Reaktion auslöst. Euer Partner macht natürlich dasselbe.

Ihr kennt dieses Spiel unter dem Namen <*Knöpfe drücken*>. Was daran schwierig ist, ist dass ihr sehr schnell dorthin geratet, was man Manipulation nennt. Euer Verhalten ist nicht frei, sondern auf den Partner ausgerichtet.

Euer Verhalten dient euch nicht selbst und macht euch daher auch nicht glücklich. Ihr handelt in diesem Stadium nicht, weil es euch Freude bereitet oder weil es sich wirklich tief in euch richtig anfühlen würde. Ihr tut es lediglich, weil ihr euch eine bestimmte Reaktion erhofft.

Dieser Mechanismus setzt ganz automatisch ein.

Das kann eine Zeit lang sogar gut funktionieren.

Wenn die Zeit aber für euch reif ist, dass ihr etwas Neues über euch selbst und das Leben erfahren sollt, dann hören diese Muster auf zu funktionieren.

Die Menschheit befindet sich nun an diesem Punkt.

Es wird nun schwierig für euch, weil die erhofften Reaktionen eurer Partner immer mehr ausbleiben. Ihr selbst habt es womöglich auch satt, in diesem Hamsterrad weiter zu machen und könnt das alles nicht mehr am Laufen halten.

Es kann auch geschehen, dass ihr euch zu einem Partner hingezogen fühlt, der keineswegs auf eure Strategien reagiert, wie ihr es euch erhofft habt und wie ihr es gewohnt seid.

Bei Zwillingsflammenbegegnungen ist das zum Beispiel eine sehr ernüchternde Erkenntnis.

Dann seid ihr verwirrt, enttäuscht und wütend. Ihr versteht nicht, was nun los ist.

Das ist gut so!

Genau das müsst ihr erfahren, doch gefällt euch das so nicht.

Sehr schnell steckt ihr dann in der Vorwurfsfalle fest.

Oder ihr beginnt an der Liebe zu zweifeln. Dabei ist es nicht die Liebe, die ein Problem darstellt. Das Problem, dem ihr euch tatsächlich gegenüber seht ist, dass eure Aktion-Reaktion-Verhaltensmuster nicht mehr funktionieren.

Ihr verbiegt euch häufig. Ihr möchtet etwas bekommen, von dem ihr meint, dass ihr es braucht. Ihr tut dieses oder jenes oder vermeidet bestimmte Verhaltensweisen.

Ihr schränkt euch in eurem Menschsein ein, um gewisse Resultate zu erzielen. Ihr seid immer darauf ausgerichtet, durch euer Verhalten etwas Bestimmtes zu bewirken.

Doch dies ist ein Irrtum, denn es ist nicht Liebe, die euch lenkt.

Die Reise will euch dahin führen, dass ihr erkennt, was ihr alles für euch selbst tun könnt und müsst.

Euer Handeln und euer Sein, will sich in Zukunft darauf ausrichten was euch selbst Freude bereitet, ganz unabhängig davon, wie ein anderer darauf reagiert. Wenn ihr in Freude seid, so wirkt das unglaublich ansteckend.

Wenn ihr schon einmal jemanden beobachtet habt, der hingebungsvoll das tut was er liebt, dann wisst ihr, wie sich Freiheit anfühlt und ihr spürt auch, wie anziehend das auf euch selbst wirkt.

Ein befreites Handeln wird euch unglaublich viel Glück und Fülle schenken, euch innerlich reich machen.

Ihr wollt in Wahrheit nur die Dinge tun, die euch tief erfüllen und glücklich machen. Ihr wollt ein Leben in Freiheit!

Noch wisst ihr nicht, wie ihr dorthin kommen könnt.

Doch mach dir keine Sorgen. Die Liebe findet den Weg dir zu zeigen, was du über dich erfahren musst. Sie ist schon längst dabei, dir genau das zu offenbaren.

Was du brauchst ist, die Sprache der Liebe zu verstehen.

Es gibt daher auch keine Patentrezepte, die ihr immer und überall anwenden könntet, oder die für jeden gleichermaßen passend wären.

Jede Situation und jeder Mensch ist anders.

Es ist eure Aufgabe einfach mehr auszuprobieren und eure Scheu davor abzulegen, aus den gewohnten Schemen auszubrechen. Ihr habt so große Angst davor Fehler zu machen, das hemmt euch noch.

Ihr haltete aber eure inneren Grenzen einfach nicht mehr länger aus.

Seid unberechenbarer, mutiger!

Macht nicht das, was ihr schon immer gemacht habt - erst recht nicht dann, wenn ihr noch nie wirklich glücklich damit wart.

Ich empfehle auch nicht, einfach alles nachzumachen, was ihr bei einem Anderen als erfolgsversprechend angesehen habt.

Ihr könnt euch natürlich inspirieren lassen und es dann auf eure eigene Art versuchen.

Es sollte euch aber Folgendes bewusst sein:

Wenn ihr nachmacht, was bei einem anderen funktioniert hat, so geht nicht davon aus, dass bei euch dasselbe Ergebnis heraus kommt.

Ihr seid anders und einzigartig, genau wie eure Partner.

Ihr habt eure eigenen Bedürfnisse und euren eigenen einzigartigen Weg, einen getrennten, sowie einen gemeinsamen.

Es macht euch auch nicht dasselbe glücklich.

Vergleicht euch daher nicht mit anderen Paaren!

Euer Leben gleicht keinem Baukastensystem, bei dem man dasselbe Ergebnis erzielt, wenn man lauter gleiche Komponenten zusammenfügt.

Es ist schon eine Illusion anzunehmen, ihr wärt Komponenten, die alle gleich wären.

Ihr sollt euch selbst auch niemals verbiegen, in der Hoffnung, ein dann endlich passendes Teilchen zu werden.

Ihr seid einzigartig und es ist so wichtig, dass ihr das anzunehmen lernt.

Ihr seid unterschiedlich und werdet es immer sein. Daher können eure Beziehungen auch nicht nach vorgefertigten Schemen und Verhaltensregeln funktionieren.

Ich empfehle euch kreativ zu werden, zu entdecken und freizulegen, was euch wirklich wichtig ist. Damit ihr das aber überhaupt machen könnt, müsst ihr entdecken, womit ihr in Wahrheit unglücklich seid.

Ich kann euch verraten, dass viele der Dinge, die ihr in Beziehungen für erstrebenswert erachtet, euch genau nicht wahrhaft glücklich machen.

Ihr erhofft euch eher, dass ihr euch gewissen Ängsten, die tief in euch sitzen, nicht stellen müsst.

Also greift ihr lieber zu einer Art Medizin, die aber verheerende Nebenwirkungen hat und die euch letztendlich das Glück verwehrt.

Liebe wird oft mit der Medizin verwechselt, die euch vor all den unangenehmen Dingen erretten und diese von euch fernhalten soll.

Im Moment sind zwei Kräfte in euch sehr aktiv:

Einerseits habt ihr erkannt, dass etwas in eurem Leben schief läuft und ihr nach den gängigen Konzepten immer schlechter funktioniert. Andererseits klebt ihr aber an vielen dieser Konzepte, weil euch das Vertrauen fehlt, dass es auch anders geht.

Hier kommt die Angst ins Spiel.

Es bleibt euch aber nichts mehr Anderes übrig, als diesen Schritt ins Ungewisse zu wagen. Die Liebe lässt sich nicht einsperren und keinen eurer Dogmen unterordnen, sonst stirbt sie.

Die Liebe ist frei und wild. Nur, wenn ihr das wirklich begriffen habt, könnt ihr gelassener werden und euch entspannen. Vieles von dem, was ihr Liebe nanntet, ist nichts weiter als eine Verwechslung.

Ihr habt nun die Aufgabe diese Schemen, Ideen und Ängste zu entlarven.

Versucht eure Konditionierungen von eurem wahren Sein zu trennen, denn nur das, was ihr wirklich seid, das wird wahren Frieden schenken.

Es fällt euch oft schwer. Ihr seid gewiss noch unsicher darin, ohne vorgefertigte Schemen zu leben. Ihr fragt euch, wonach ihr euch dann richten sollt.

Seid geduldig. Ihr seid gerade erst dabei zu erkennen, dass ihr sowohl auf euch selbst als auch auf euer Herz vertrauen dürft und könnt.

Wenn du deine Liebesbeziehung einmal so nimmst, wie sie jetzt ist, ohne sie zu bewerten und ohne sie sofort korrigieren zu wollen, dann kannst du sehen was dir gefällt.

Du kannst aber auch sehen was dir nicht gefällt.

Damit lernst du zu unterscheiden und findest heraus, was zu dir passt und was nicht.

Der wichtigste Schritt ist das Beobachten von dem was ist und ehrlich in dich hinein zu fühlen.

Das klappt nur wenn es dir gelingt, von den Gedanken es sofort ändern zu wollen, wegzukommen.

Angst vor Veränderung

Der Wunsch nach Sicherheit steht bei vielen Menschen an oberster Stelle.
Das betrifft selbstverständlich alle Bereiche des Lebens.
Wenn es um die Liebe geht, wird das aber außerordentlich schwierig.

Um nur einige Beispiele zu erwähnen:
Manche Menschen gehen erst gar keine Beziehung ein und vermeiden sie. Die Liebe erscheint ihnen wie eine Bedrohung.
Andere Menschen wiederum ziehen eine sichere Beziehung der wahren Liebe vor. Sie suchen nur Zuflucht vor irgendetwas.
Angst ist hier das, was über euch bestimmt, nicht die Liebe selbst.

Wenn du dir einmal überlegst was du unter Sicherheit verstehst, woran denkst du dann?
An eine gesicherte Zukunft vielleicht?
Zu wissen, wo du in einigen Jahren sein wirst?
Jemanden zu haben, auf den du immer zählen kannst?

Im Grunde handelt es sich hier um Ideen über dein Leben.
Es ist ein Plan über deine Zukunft.
Du richtest dein gesamtes Leben darauf aus, dich später einmal abgesichert und gut zu fühlen. Du meinst etwas zu gewinnen, nicht jetzt, aber später meinst du etwas zu haben.
Doch was du gleichzeitig verlierst ist das <Jetzt>. Der einzige Moment ist derjenige, den du jetzt hast. Du kannst nur jetzt handeln, du fühlst nur jetzt. Du weißt nur jetzt, was du in diesem Augenblick brauchst.

Alles andere kann zwar vielleicht eintreffen, aber ob das so kommt, das wirst du vorher nie wissen.

In Wahrheit hast du Angst vor dem Leben selbst.

Was wäre, wenn deine Pläne nun nicht in Erfüllung gingen?

Das Leben hält sich selten an eure menschlichen Pläne, die ihr euch erdacht habt. Es kommt ja doch vieles anders.

Es gilt für euch Vertrauen in das Leben zu gewinnen und die Angst vor dem Leben selbst nach und nach zu verlieren.

Könnte es wirkliche Liebe sein, wenn du deine Ängste behalten müsstest, damit deine Beziehung weiter Bestand haben kann?

Du müsstest in diesem Falle dann einen Partner finden, für den es in Ordnung ist, wenn du Angst hast. Natürlich nimmt kaum jemand bewusst wahr, dass es sich tatsächlich um Angst handelt.

Auf einer tieferen Ebene aber, kommunizieren Menschen miteinander – immer!

Dort werden Absprachen getroffen. Dort sprechen auch deine Angst und dein Wunsch nach Schutz mit deinem potentiellen oder jetzigen Partner.

Bist du in deiner Angstvermeidung, so müsstest du nun jemanden finden, der sich seinerseits – natürlich unbewusst - von deinem Angstgefühl auch etwas verspricht, sonst ließe er sich nicht darauf ein. Das ist Teil eurer innerlichen, unbemerkten Absprachen, die ihr treffen müsst, sobald ihr einander näher kommt.

Vielleicht glaubt nun dein Partner, gelenkt durch sein unbewusst wirkendes Denkmuster, wenn du Angst davor hast alleine zu sein, dann würdest du ihn auch nicht verlassen.

Kurzum, ihr habt also beide Angst.

Damit diese Beziehung nun bestehen bleiben kann, darf auch keiner von euch beiden aus seiner Angst heraus kommen. Ihr verbietet, euch gegenseitig zu heilen und zu wachsen. Gerade diese Art Beziehung, wo gegenseitiges Wachstum unerwünscht ist, weil jede Veränderung eines Partners das Grundgefüge der Beziehung zerstört, verschwindet nun allmählich.

Angst wird nicht mehr länger der Klebstoff sein, der euch zusammenhält, sondern es wir das sein, was euch trennt.

Für eine gewisse Zeit war es der Liebesdienst, den ihr brauchtet.

Er zeigte euch etwas, das ihr erkennen musstet.

Doch die Liebe, die ihr seid, kann euch nicht dauerhaft in euren Ängsten belassen. Ihr würdet ja sonst nie begreifen wozu ihr hier seid:

Erkennen, dass ihr Liebe seid!

Bleibt ihr in Angst, bleibt euer Leben davon bestimmt. Ihr richtet euer Verhalten auf Angstvermeidung aus.

Angst ist das Gegenteil von Liebe und Freiheit.

Was du bist

Licht der ewigen Liebe

Aus dem Licht der ewige Liebe seid ihr geboren!
Im Licht der ewigen Liebe seid ihr stets und immer geborgen!
Seid gewiss, ihr seid geliebt, immer!
Ihr besteht aus Licht und Liebe allein!
Ihr seid beschützt und geborgen im Lichte der ewigen Liebe!

Ihr müsst euch wirklich von dem Gedanken verabschieden, dass euch eure Vorstellungen von einer glücklichen Liebesbeziehung tatsächlich glücklich machen.

Die Liebe will nicht, dass du dich verbiegst um etwas zu erhalten.
Die Liebe schenkt einfach. Sie ist einfach da. Sie kann gar nicht fehlen, denn du bist nichts als Liebe!
Genauso ist der Mensch, der mit dir gerade zusammen ist - nichts als reine Liebe.
Er schenkt dir Zeit und ein gewisses Maß an Aufmerksamkeit.
Könntest du das nicht einfach so annehmen wie es gemeint ist?
Einfach ein Geschenk um des Lebens willen?
Das ist Liebe, nicht zu fragen was als nächstes getan werden muss, sondern mit wachen Augen zu sehen, was zu dir kommt.

Dann wirst du immer mehr erkennen und erleben, dass du weit weniger tun musst, um etwas zu erhalten.
Die Liebe kommt einfach so und sie bleibt einfach so, weil sie Teil deiner Natur ist.

Das Natürliche kann niemand dauerhaft zerstören. Du kannst es nur mit jeder Menge Dreck zuschütten, bis du es weder sehen noch spüren kannst. Doch ist die Liebe trotzdem da.
Sie ist tief vergraben und dort bleibt sie, bis du sie wieder ausgräbst.

Je mehr ihr an den Dingen festhaltet, von denen ihr nur glaubt, dass sie so sein müssten, umso komplizierter wird eure Beziehung und zerbricht möglicherweise.
Eure Vorstellungen von richtig und falsch prallen gegen das Leben – doch das Leben gewinnt am Ende immer!
Eure Liebesbeziehung muss zerbrechen wenn das, was euch zusammenhält, nicht der Liebe rein um der Liebe willen, entspringt.
Sie gleicht in diesem Falle eher einer Ansammlung von Bedürfnissen, die ihr erfüllt sehen wollt.

Dort wo es in deiner Beziehung anstrengend und kompliziert wird, dort liegen die Dinge, welche die Liebe unter sich begraben haben.
Eure Beziehungen sind viel zu sehr an Bedingungen geknüpft. Das war für lange Zeit normal für euch, denn ihr musstet auch das kennen lernen.
Doch nun nimmt eure Entwicklung eine andere Richtung.

Als ihr als Mensch geboren wurdet, musstet ihr durch das Tor des Vergessens gehen, ihr musstet vergessen, was ihr wirklich seid:
Liebe, rein um der Liebe willen - ohne Grund, ohne Rechtfertigung!
Ihr seid einfach!

Der Preis eures Menschseins war es, eure Herkunft zu vergessen. Ihr habt vergessen, dass ihr hier seid, einfach nur deshalb, weil ihr Liebe seid.

Es gibt keinen anderen Grund für euer Dasein. Es gibt auch keine Rechtfertigung. Doch viele von euch suchen genau das. Sie fragen sich, wieso sie hier sind und brauchen einen Grund.

Such nicht länger nach einer Rechtfertigung für dein Leben, sondern lebe einfach!

Du bist, weil du Liebe bist. Diese Liebe ist unvergänglich.

Die Suche nach Liebe

Die Liebe macht keine Fehler. Sie ist nie ein Irrtum.
Alle Liebesbeziehungen sind im Grunde perfekt. Sie sind pure Liebe, denn sie zeigen dir, was dir gut tut und was nicht. Sie zeigen dir alles was Unglück erzeugt so lange, bis du es nicht mehr hinnehmen willst und kannst.

Dies ist bei jedem von euch unterschiedlich in Zeitpunkt und Intensität.
Ihr seid eben unterschiedlich. Was der eine toleriert, würde bei einem anderen vielleicht dazu führen, die Beziehung sofort zu verlassen.
Verlasst euch darauf: Was immer zu euch kommt ist genau das, was zu euch passt. Ihr dürft Vertrauen haben!
Der eine verlässt eine Beziehung früh, der zweite spät, der dritte bleibt - so wie es für die jeweilige Person passend ist.

Solange du die Liebe, die du suchst in einem anderen Menschen finden willst, musst du vielleicht durch viele Partnerschaften gehen.
Zu Beginn bist du für einen Moment lang wahrscheinlich wieder glücklich und das ist gut, denn es ist ja schließlich der Moment der zählt.
Doch kannst du diese glückliche Anfangsphase nicht beliebig ausdehnen.

Manches ändert sich durch einen Partnerwechsel.
So manche Dinge sind bestimmt auch besser, weil du oder dein vorheriger Partner bereits eine Entscheidung getroffen hatte, etwas nicht länger hinzunehmen.
Doch manche Dinge verlaufen ähnlich - nach ähnlichen Mustern, je nachdem welches Muster sich in deinem menschlichen Sein verankert hat.

Diese immer wiederkehrende Spirale kehrt so lange immer wieder, bis du es satt hast. Eines Tages bist du zu müde, um es so noch einmal auf die gleiche Art zu probieren und doch immer wieder enttäuscht zu werden.

Das fühlt sich für euch Menschen scheußlich an.

In Wahrheit jedoch ist das der größte Segen, der euch zuteil werden kann. Ihr beginnt, langsam zu begreifen, dass es nicht eure Partner sind, sondern etwas in euch, das diese Verhaltensmuster am Laufen gehalten hat.

Nicht helfen wird es dir, solange du meinst nur endlich einen passenderen Partner zu finden. Glaubst du, nur endlich die richtige Wahl zu treffen, so hättest du endlich all die Liebe die du dir wünschst? Du wirst so nicht zum Ziel kommen!

Es gibt keinen anderen Menschen, der dir all deine Nöte und Ängste abnehmen kann!

Schau dich einmal um, wie viel Überforderung und Enttäuschungen in den Beziehungen Einzug hält, wenn die Partner sich gegenseitig erklären, was für den jeweils anderen alles gemacht werden muss. Eine Ansammlung von Forderungen und Bedingungen.

Und trotzdem sind diese Beziehungen, so wie sie jetzt sind, der Liebesdienst, den ihr genau jetzt braucht!

Angst vor Fehlern

Habt keine so große Angst davor, Fehler zu machen.
Traut euch mehr, befreit euch selbst von den Gedanken, alles richtig machen zu müssen. Ihr könnt gar nichts falsch machen und doch fällt es euch so unglaublich schwer dies zu begreifen.
Es ist die Angst vor Fehlern, die euch zusätzlich unfrei macht. Ihr setzt euch unter gewaltigen Druck, solange ihr ständig damit beschäftigt seid, Fehler zu vermeiden und endlich alles richtig zu machen.
Oft beginnt ihr damit, euch Schemen zu basteln, mit Hilfe derer Fehler vermieden werden sollen. Doch wenn du begriffen hast, wovon ich spreche, dann brauchst du keine Angst vor Fehlern zu haben, denn es gibt keine.

Du brauchst alles, was dir widerfährt, um das zu erkennen, was dich weiter bringt. Du brauchst jede einzelne Erfahrung, damit du all deine Irrtümer über dich selbst, über das Leben und die Liebe erkennst. Du brauchtest das, was du im Nachhinein betrachtet heute nicht mehr tun würdest, weil es dich einen neuen Weg einschlagen ließ.
Der Irrtum bestand nicht darin, dass du einen Fehler hättest vermeiden sollen. Tatsächlich kannst du nicht verhindern was geschehen soll.
Dein Leben ist perfekt! Stelle ein bisschen weniger in Zweifel, was dir widerfährt!

Dein Irrtum bestand allein darin, dass du von einer falschen Annahme über dich selbst ausgegangen bist.
Ebenso bist du von einer irrtümlichen Annahme über die Liebe ausgegangen.
Was du über dich selbst denkst und glaubst, hängt ursächlich damit zusammen, was du über die Liebe glaubst und denkst. Alles was du für einen Fehler hältst, ist in

Wahrheit dein Erkennen, dass du dich im Irrtum befunden hast. Wie hättest du dies erkennen sollen, ohne genau das zu erleben, was dir widerfuhr?

Wie solltest du heute sagen, dass das wozu du dich bewusst entschieden hast auch das ist, was du willst, wenn du nicht erlebt hast, was du nicht willst?

Alles ist für dich perfekt arrangiert, damit du weiter auf deinem Weg kommst, zu erkennen, dass du selbst die Liebe bist, die du suchst.

Zugegeben, es ist für euch nicht einfach, das auch zu durchschauen. Es erfordert von euch, dass ihr eure Art, wie ihr das Leben bewertet, betrachtet und hinterfragt. Ohne dieses grundsätzliche Hinterfragen, hast du wenige Möglichkeiten, das Leben oder die Liebe annähernd zu begreifen.

Du möchtest an den Punkt kommen, wo du es wirklich sehen und fühlen kannst, dass die Liebe dich umgibt, auch wenn du sie jetzt noch oft nicht erkennen kannst. Das ist die geheime Kraft deiner Seele. Der einzige Grund deines Lebens: Dich selbst zu erkennen.

Deine Seele, will diese Erfahrung machen.

Vieles, das euch umgibt, schaut kein bisschen nach Liebe aus. Oft seht ihr scheußliche Dinge um euch. Ihr könnt Emotionen wie Hass, Wut, Neid, Gier erkennen, die ihr als schlecht beurteilt.

Dasselbe geschieht auch in vielen Liebesbeziehungen. Diese Emotionen sind euch unheimlich, unangenehm, sodass ihr sie lieber nicht um euch haben wollt. Es ist wirklich schwer für euch zu begreifen, dass das mit Liebe zu tun haben soll.

Warum ist das so?

Sei dir bewusst, dass in euren Beziehungen und eurem gesamten Leben noch sehr viel an alten Strukturen wirkend ist. Ich habe bereits darauf hingewiesen, dass durch eure Mitmenschen Situationen an euch herangetragen werden, die euch Hinweise zu eurer Heilwerdung liefern.

Jedoch ist keineswegs alles davon auf ein Problem deiner persönlichen Vergangenheit zurückzuführen.

Mit alten Strukturen meine ich zum Beispiel, hierarchische Strukturen, Machtkämpfe und Manipulationen. Viel an Unterdrückung ist in den vergangenen Jahrhunderten geschehen und ist keineswegs eine Erfindung eurer momentanen Generation.

Ihr habt einen persönlichen Zellcode, dort ist jedoch immer auch die Vergangenheit des gesamten menschlichen Kollektivs abgespeichert. Keiner von euch kann sich all dem entziehen! Dies alles wirkt sich auch heute stark auf euer Unterbewusstsein aus. All diese Erfahrungen, die in euren Zellen gespeichert sind, beeinflussen euer Erleben sowie euer Empfinden.

All die Unterdrückungen der Liebe, all die Schandtaten, die im Namen der Liebe gerechtfertigt wurden, befinden sich in euch.

Was heute anders ist, ist dass ihr die Zusammenhänge allmählich erkennt.

Ihr durchschaut nun, dass euch das gar nicht gefällt, was ihr einst für Liebe gehalten habt. Daher wirken eure Beziehungen so kompliziert.

Ihr seid jetzt in einer Phase in der ihr all das nicht mehr ignorieren könnt. Es schlägt euch ins Gesicht, sobald ihr es versucht. Das alles ist wirklich verwirrend für euch, vor allem, weil ihr es nicht gewöhnt seid, die Dinge aus einem anderen Blickwinkel zu betrachten.

Eure Liebesbeziehungen sind anstrengend geworden, weil all diese Dinge, die ich zuvor genannt habe, nun erkannt werden. Das ist sehr unangenehm, weil es sehr viel ist, was sich da angesammelt hat. Situationen zu erleben, die man lieber nicht wahrhaben würde, ist sehr herausfordernd.

Wenn sie zusätzlich noch in geballter Ladung daher kommen, wird es heikel.

Die Aufarbeitung selbst ist eine wichtige Aufgabe, der ihr euch nun stellt - ob ihr es wollt oder nicht. Es ist euer Dienst an der Liebe, dem ihr euch verschrieben habt. Obwohl es natürlich sein kann, dass dein Verstand dir etwas Anderes erzählen möchte. Jedoch *bist* du nicht das, was dein Verstand über dich denkt.

Es ist nicht nötig, dass du dich nun erneut unter Druck setzt, denn Aufarbeitung geschieht in erster Linie einfach dadurch, dass du dir ansiehst, was vor sich geht.

Das klingt einfach. Das Schwierige und Herausfordernde dabei ist aber, dass euch die Gedanken über eure Vorstellungen und Ziele immer wieder darauf hinweisen wollen, dass alles falsch oder verkehrt ist. Je mehr sich euer Verstand in den natürlichen Fluss der Dinge einzumischen versucht, um dagegen zu wirken, umso mehr quält euch das.

Jedoch ändert auch das nichts an eurem Aufarbeitungsprozess. Nichts kann diesen Prozess verhindern oder stören. Allerdings macht es für dein persönliches Erleben und Empfinden einen entscheidenden Unterschied, ob du ankämpfst gegen all das was sich offenbart, oder ob du dich dem Fluss dessen was geschieht hingibst.

Auch dein Körper ist gefordert, diese alten Schmerzen und Wunden aufzuarbeiten. Es mag euch erscheinen, als ob sich alles rein auf der geistigen oder mentalen Ebene abspielen würde. Doch das ist nicht der Fall.

Ihr seid Wesen aus Energie, die zur Materie wurden. Die Quantenphysik kann euch darüber detailliert Auskunft geben.

Es ist wichtig zu wissen, dass sich Energie, die sich verändert, immer auch auf eure Materie, also auf euren Körper auswirkt.

Belastende, alte, verkrustete Wunden lassen sich auch körperlich erspüren. Sie bedrücken euch, machen euch schwer, vielleicht auch unbeweglicher.

Wenn ihr aber beginnt, euch diesen belastenden Empfindungen zu widmen, sie zu erfühlen, sie zu erforschen, so beginnen sie sich, zu lösen. Sie werden leichter, bis sie sich schließlich auflösen. Eure Aufmerksamkeit und Hingabe beeinflusst zunächst eure Körperenergie.

Das spürst du in der Folge körperlich. So hast du vielleicht das Gefühl, als wären Felsbrocken von deinen Schultern genommen. Vielleicht fühlst du dich im Nacken weniger verspannt. Deine gesamte Wirbelsäule kommt wieder in eine geradere Position.

Dies sind nur einige, der möglichen körperlichen, Auswirkungen.

In jedem Fall ist es aber wichtig für euch, dass ihr gut mit eurem Körper umgeht!

Es ist einfach anstrengend für euch! Aber nicht nur für euch selbst, sondern auch für eure Partner. Unterschätzt diese Herausforderungen nicht.

Hilfreich ist es, wenn du dir Zeiten einräumst, wo du Ruhe finden kannst. Es gibt keinen Grund dich noch zusätzlich zu belasten.

Verstrickungen

Ihr könnt immer weniger wegsehen oder eure Gefühle ignorieren.

Etwas einfacher und leichter wird es für dich, wenn du annehmen kannst, dass deine momentane Liebesbeziehung das Beste für dich will. Du bekommst von deinem Leben immer genau das, was du jetzt für dich und deine Entwicklung brauchst.

Die Liebe kann dich so verwickelt und verbogen nicht belassen.

So vieles ist kompliziert auf Erden. Doch findet gerade für alle Menschen eine große Entwirrung statt, die sich für euch allerdings oft eher wie eine Verwirrung anfühlt.

Doch das stimmt nicht wirklich. Verwirrt und verwickelt seid ihr schon so lange, weil ihr zunächst vergessen musstet, dass ihr Liebe seid.

Doch nun, da ihr das bemerken könnt, geschieht bereits eure Entwirrung. Diese unglücklichen Verwicklungen müssen erkannt und gelöst werden und das werden sie.

Über so lange Zeit hinweg wurden Gefühle, Ideen, Konzepte und Vorstellungen in Zusammenhänge gebracht, die sie nie wirklich hatten.

Zum Beispiel wurde emotionale Manipulation oft mit Liebe verwechselt oder gleichgesetzt.

Wir haben bereits ein wenig darüber gesprochen, aber an dieser Stelle ist eine genauere Beleuchtung notwendig, um dir in der Folge aufzuzeigen, wie du damit umgehen kannst:

Ganze Generationen haben gelernt Tränen, Wut, Aggression und vieles andere dafür einzusetzen, andere dazu zu bringen etwas zu tun, was sie ansonsten unterlassen hätten.

Solche Gefühlsausbrüche sind nie wirklich authentisch, sondern verfolgen ausschließlich den Hintergedanken, ein bestimmtes Ergebnis zu erzielen. Emotionale Ausbrüche zielen darauf ab, Emotionen im Gegenüber zu erzeugen. Eine ebenso häufig verwendete Methode ist, Emotionen bewusst beim Gegenüber hervorzurufen – es werden bestimmte *Knöpfe* gedrückt. Auch hier verspricht man sich etwas.

Das muss keineswegs ein böswilliger Akt sein. Meist geschieht dies völlig unbewusst.

Gelingt dies wiederholt, so wird es womöglich zur Normalität in der Beziehung. Das Leben miteinander wird belastend und aufreibend. Es ist vergleichbar mit einem Ziehen und Zerren in unterschiedliche Richtungen. Die Partner verstehen für gewöhnlich gar nicht was mit ihnen geschieht, sie bemerken allerdings sehr wohl die große Belastung, die sie selbst und ihre Liebe zu ersticken droht.

Viele Beziehungsmuster laufen in unterschiedlichen Abstufungen nach ähnlichen Mustern ab.

Hier muss eine Entwirrung dieser unglücklichen Verquickungen erfolgen, damit die Liebe wieder frei wird, damit sie sich so zeigen kann wie sie ist: Ohne all das, einfach nur Liebe!

Das ist nicht leicht. Ihr müsst hierfür eure eigenen Gefühle klären und in eure Tiefe kommen.

Selbstverständlich habt ihr Emotionen, wie zum Beispiel Wut, Aggression oder Trauer. Es geht niemals darum, etwas das ist, abzuurteilen um es wegzubekommen. Doch es fehlt euch der natürliche Zugang zu euren tiefer liegenden Gefühlen und somit zur Herkunft eurer Emotionen. Ihr begreift meist nicht was es ist, das euch in diesen emotionalen Zustand hineintreibt. In ihm zu sein gefällt euch auch nicht.

Ihr fühlt euch getrieben und eure Handlungen sind davon stark beeinflusst. Mit Freiheit hat das nichts mehr zu tun.

Eure Konditionierungen im Bereich der Gefühle sind sehr stark an alte Muster gebunden und müssen erlöst werden. Ihr müsst wieder frei davon werden, Gefühle nur dann zu zeigen, wenn ihr meint, dass sie angebracht wären oder wenn sie einen bestimmten Zweck in gewissen Situationen erfüllen. Ihr kontrolliert oft unbewusst eure Gefühle und richtet sie nach eurer Erwartung aus.

Wie entstehen jene Verstrickungen?

So etwas entsteht sehr früh in eurem Menschenleben. Ich möchte dir ein Beispiel dafür nennen, wie es zu einer solchen Vermischung von Gefühlen und Erwartungen kommen kann:

Ein Kind hat vielleicht erlebt, dass es von seiner Mutter/seinem Vater insbesondere dann (oder womöglich nur dann) Aufmerksamkeit und Zuwendung bekommt, wenn es traurig ist.

Es reicht nicht, wenn das Kind das nur einmal erlebt hat. Natürlich bekommt niemand eine ähnliche Verknüpfung, wenn so etwas ein oder zweimal passiert. Es muss sich immer wieder dasselbe Muster wiederholen.

So lernt das Kind ganz automatisch, dass Traurigkeit zu Aufmerksamkeit führt. Diese beiden Dinge werden also in Zusammenhang gebracht, obwohl sie ursprünglich gar keinen Zusammenhang haben.

Als Erwachsener werden diese erlernten Koppelungen der Gefühle weiter geführt, ohne dass derjenige sich dessen bewusst ist, was da wirklich abläuft. So etwas nennt ihr Konditionierung.

Um bei diesem Beispiel zu bleiben:

Das Gefühl der Traurigkeit und die Tränen, die später zum Vorschein kommen sind daher meist nicht mehr wirkliche Traurigkeit, sondern eine Maßnahme, um etwas zu erreichen. Das alles hat sich längst verselbstständigt und entzieht sich der Kontrolle des Betroffenen. Man kann daher nicht von einem bewussten Akt der Manipulation sprechen. Es ändert aber nichts daran, dass es weder euch noch eurer Liebesbeziehung gut tut.

Bei konditionierten Gefühlen und ihren Koppelungen an erhoffte Ergebnisse geht es keineswegs immer nur darum etwas zu bekommen, was man meint, sonst nicht zu erhalten. Etwas zu vermeiden hat für viele Menschen große Bedeutung. Selbstschutz ist einer der häufigsten Motivationsfaktoren.

Wenn das Gegenüber emotional beschäftigt und abgelenkt ist, glaubt ihr euch in bestimmten Situationen vielleicht sicherer.

Beispiele gibt es unzählige. Alle diese Verstrickungen halten die Entfremdung von den eigenen Gefühlen aufrecht.

Das Leidbringende an der Sache ist, dass es überhaupt nicht mehr um Liebe geht.

Es geht lediglich darum, etwas Bestimmtes zu bekommen oder zu vermeiden, weil der Partner das von sich aus nicht geben würde.

Was erschwerend hinzu kommt ist, dass euer Partner auf seiner menschlichen, bewussten Ebene nichts über eure Verstrickungen weiß. Er weiß nicht, was euch eigentlich genau in eine solche Verfassung bringt. Er hat nicht erlebt was ihr erlebt habt. Genauso wisst ihr nichts über die Verstrickungen eures Partners. Selbst wenn ihr ähnliche Situationen in eurem Leben erlebt habt, bedeutet es nicht, dass alle Verstrickungen und Koppelungen gleich sind.

Nicht selten herrscht dann große Verwirrung, weil ihr euch nicht versteht.

Treffen nun zwei völlig unterschiedliche Koppelungen beider Partner aufeinander wird es schwierig. Missverständnisse, Beschuldigungen und viele noch tiefer verknüpfte Emotionen kochen gleichzeitig hoch.

Doch nur solange ihr um eure eigenen Verstrickungen wenig wisst.

Heute erlebt ihr, dass es so wie bisher immer weniger funktioniert. Plötzlich lässt sich euer Partner immer weniger nach eurem Willen steuern oder ablenken. All diese Beziehungsmuster zeigen sich nun, weil sie sich verabschieden möchten.

Wer kann dir solch einen Liebesdienst erweisen, als die reine Liebe selbst? Wäre es keine Liebe, würde dann eine so großartige Befreiungsmöglichkeit überhaupt stattfinden?

Die Liebe will dich frei sehen. Du sollst frei werden von den Konditionierungen und frei davon, von deinen wahren, tiefen Gefühlen entfremdet zu bleiben. Solange du von deinen wahren Gefühlen entfremdet bist, solange bist du nicht authentisch und frei. Du hast keine Chance wirklich tiefes Glück und wahren Frieden zu empfinden.

Das wäre ein viel zu hoher Preis. Du bliebest sozusagen stets in Knechtschaft deiner Konditionierungen und müsstest, getrieben von deinen Emotionen und Vorstellungen, jedoch ohne echte Gefühlstiefe leben. Du wärst ständig auf der Suche nach etwas im Außen, das du glaubst zu brauchen.

Die Liebe will dich frei machen und muss dir zeigen, wo du dich selbst klein machst, einsperrst, oder dich versklavst. Somit spielt sie dir den Schlüssel zu, den du brauchst um wirklich frei und wahrhaft du selbst zu sein.

Wie lange du diese Spielchen mitspielen musst, hängt davon ab, wie lange dir dabei nichts Störendes auffällt. Es dauert so lange, bis du das entweder durchschaust und nicht mehr mitmachen kannst, oder bis du einfach keine Kraft mehr hast, es aufrecht zu erhalten.

Solange du in dir all das bewahren willst, was du gewohnt bist, bist du nicht frei. Solange du nur fortwährend auf ein besseres Morgen hoffst und dich durch diese Hoffnung allein nährst, so lange wirst du feststecken. Du musst dann ständig viel unternehmen, was deine innere Stimme und deine wahren Empfindungen zum Schweigen bringt.

Eines Tages aber wachst du auf und kannst so nicht mehr weiter machen. Das passiert auf jeden Fall, früher oder später.

Es gibt nichts, wodurch du diesen Schritt beschleunigen könntest, du wirst es merken und wirst die Schritte tun, die du so lange vermeiden wolltest.

Was ist Realität?

Um gewisse Verstrickungen überhaupt loslassen zu können ist es nötig, dass wir über das sprechen was ihr *Realität* nennt. Ohne dieses Wissen haltet ihr vieles für unantastbar, das aber dringend hinterfragt werden muss, wollt ihr ein freieres, glückliches Leben führen.

Das Wort Realität ist insofern ein sehr komplexer Begriff, weil auch hier so viel Verschiedenes gemeint wird.

Das was du für Realität hältst, ist immer nur ein Teil eines sehr viel größeren Ganzen.

Ihr habt alle eure eigene individuelle Lebensrealität. In deiner persönlichen Lebensrealität erlebst du alles, was für dich bestimmt ist. Du kannst über deine Sinne jedoch immer nur gefilterte Bruchstücke von all den Dingen um dich herum aufnehmen. Euer Gehirn wäre überfordert jedes einzelne Detail aufzufangen und zu verarbeiten. Diese Bruchstücke sind immer nur ein kleiner Ausschnitt von etwas viel Größerem.

Ein anderer Mensch hat vielleicht eine völlig andere Lebensrealität. Er erlebt andere Dinge und hat zudem einen anderen Wahrnehmungsfilter. Ein Dritter lebt vielleicht sogar in deiner unmittelbaren Umgebung, doch auch sein Wahrnehmungsfilter ist völlig anders eingestellt. Wollten diese drei Personen nun über Realität sprechen, so wird ganz schnell klar, dass es keine objektive Realität geben kann.

Eure wahrgenommenen Bruchstücke sind immer nur Abbild dessen, was hinter diesen Dinge liegt und dies ist immer sehr viel größer.

Erschwerend kommt noch hinzu, dass eure bereits gefilterte Wahrnehmung zusätzlich automatisch in ein Bewertungssystem gesteckt wird. Dieses Bewertungssystem wurde euch zu einem Großteil beigebracht. Es wurde euch gezeigt, wie ihr mit gewissen Gegebenheiten und Erfahrungen umzugehen habt. Teilweise wurde euch auch mitgeteilt, wie ihr zu denken hättet und was ihr wie zu sehen habt.

Natürlich habt ihr später auch eure eigenen Schlüsse gezogen und vielleicht auch neue Erfahrungen gesammelt, die euch bereits veranlasst haben, all das zu hinterfragen.

Doch die Grundtendenzen, wie ihr etwas zu sehen oder zu verstehen habt, wurden euch früh beigebracht. Sie sitzen daher tief. Dieses Bewertungssystem und sein unumstößlicher Glaube daran, dass das nichts als die Wahrheit sei, bekam für euch den Namen *Realität*.

Je mehr ihr das, was ihr tatsächlich erlebt, in diese vorgefertigten Bewertungsschemen hineinzupressen versucht, umso weiter entfernt ihr euch davon, zu verstehen, wie die Schöpfung gemeint ist.

Beobachte einmal ein kleines Kind, das noch keine Bewertungsschemen kennt. Das Kind fühlt sich von vielen Dingen angezogen und will sie erforschen. Es geht hin und untersucht das jeweilige *Ding*. Es probiert aus ob es essbar ist, wie es sich anfühlt oder welches Geräusch es macht, wenn es darauf klopft. Es ist neugierig und will diese eine Sache für sich entdecken. Sobald es damit fertig ist, verliert es das Interesse und wendet sich dem nächsten Gegenstand oder der nächsten Person zu.

Da das Kind keine Bewertungsschemen hat, kann es diesem *Ding* völlig unvoreingenommen begegnen und es findet heraus, ob es ihm gefällt oder nicht.

Im Laufe eures Lebens aber habt ihr so viele Bewertungsschemen übernommen und auf alle möglichen Sachverhalte übertragen, dass ihr selbst *Dinge*, die ihr nicht einmal wirklich kennt, trotzdem nicht mehr richtig anseht. Ihr sucht hingegen gedanklich nach etwas, das euch ähnlich vorkommt und schon meint ihr zu wissen, wie das *Ding* ist.

Oder, ihr hört jemandem zu, der euch erklärt wie etwas angeblich beschaffen ist und hinterfragt es nicht einmal mehr. Ihr könnt niemals davon ausgehen, dass derjenige dasselbe wahrnimmt, so wie ihr es sehen würdet! Ihr müsst viel mehr wieder damit beginnen, eure eigenen Erfahrungen zu machen.

Es kommt vor, dass ein Erwachsener auf dieser Entdeckungsreise ein *Ding* beobachtet und dabei feststellen wird, dass es wider Erwarten völlig anders ist, als er dachte. Nun verbringt er womöglich Tage damit, herauszufinden, wie das denn möglich sein kann.

Kein Kind käme auf so eine Idee!

All das erklärt auch, weshalb es so unterschiedliche Auffassungen darüber gibt, was Menschen für Realität halten. Ihr könnt stundenlang darüber diskutieren und kommt doch nie auf dasselbe Ergebnis. Manche Menschen haben ähnliche Lebenserfahrungen und ähnliche Bewertungsschemen. Ihr habt zwar dann keine komplett unterschiedliche Lebensrealität, aber doch einfach etwas andere Nuancen bei den Bewertungen. Sie sind immer alle subjektiv.

Eure Welt ist so komplex und ihr meint so viel zu tun zu haben, dass euch für eine genauere Beobachtung der Dinge keine Zeit mehr bleibt. Diese Schemen sind nicht nur schlecht, sondern bewahren euch häufig vor kompletter Reizüberflutung.

Wichtig ist, dass du darum weißt. Bilde dir nicht ein, du wüsstest wie Menschen oder Dinge sind, wenn du sie nicht wirklich erforscht und wie ein Kind erst einmal ohne Vorbehalte betrachtest.

Eure Beziehungen laufen ebenso nach diesen Mustern ab. So habt ihr oft etwas erlebt, was euch vielleicht große Schmerzen bereitet hat.

In der Folge bewertet ihr vieles, das zum Beispiel ähnlich aussieht, oder vielleicht ähnlich riecht, als gefährlich und haltet das für Realität. Im umgekehrten Fall gilt es genauso.

Es kann jemand von euch absolut positiv eingeschätzt werden, weil etwas in seiner Erscheinung euch an etwas Positives erinnert.

Ich werde nun ein Beispiel nennen:

Vielleicht kann euch zum Beispiel ein Mann in einem schönen Anzug sehr viel eher etwas erklären und ihr glaubt ihm, als täte das ein Bettler.

An Aussehen ist für euch jeweils eine positive oder negative Erwartungshaltung geknüpft. Wie unwichtig wird da plötzlich, was tatsächlich von der jeweiligen Person gesagt wird?

Ihr seid verwirrt und schwer enttäuscht, sollte sich herausstellen, dass euer Vertrauensvorschuss sich keineswegs erfüllt hat. Ihr fühlt euch womöglich betrogen, weil das, was ihr erwartet habt, nicht eingetroffen ist. Doch letztlich ist es nur eure Erwartung, die euch diesen Streich spielte.

Für dich ist es wichtig zu wissen, dass du dich selbst nicht den Bewertungsschemen anderer Menschen unterwerfen musst! Selbst die einleuchtendste Erklärung einer verallgemeinerten Auffassung von Realität ist immer nur die Sichtweise eines Menschen.

Wieso solltet ihr euch an fremden Bewertungsschemen orientieren? Weshalb solltet ihr eure Liebesbeziehung so sehen und bewerten, wie es ein anderer tut?

Wäre es nicht viel wichtiger, es einfach ein bisschen weniger ernst zu nehmen, anstatt eine fremde Sichtweise und Beurteilung über eure eigene zu stellen?

Euer Partner dient insbesondere immer wieder als Projektionsfläche eurer eigenen Schmerzen, Konditionierungen,

Konzepten und Bewertungsschemen, die ihr erlernt habt und die ihr für Realität zu halten begonnen habt.

Durch eure Partner bekommt ihr sie erst zu sehen, sie werden euch so vor Augen geführt.

Träume

Träume und Visionen zu haben ist wertvoll, doch darfst du nicht den Bezug zum Hier und Jetzt verlieren.
Wenn du dein Leben verträumst, wirst du dich selber verlieren. Dann verlierst du den Augenblick! Du bist nur jetzt. Du bist weder im Morgen, noch im Gestern.

Wir haben bereits besprochen, dass deine Gefühle zunächst oft nicht wirklich tief und wahr sind, weil sie an bestimmte Erwartungen oder erhoffte Reaktionen geknüpft wurden.
So verhält sich das auch in ähnlicher Weise mit vielen eurer Träume.
Oder besser gesagt, mit dem, was einige von euch unter dem Begriff <Träume> verstehen.

Euch wurden viele Dinge in eurem Leben erzählt und als wunderbar und erstrebenswert verkauft. Das geschah immer und immer wieder. So lange, bis ihr wirklich davon überzeugt wart, dass dieses genau das sein würde, was euch tatsächlich glücklich macht.
Dabei handelt es sich aber keineswegs um etwas, das dich wahrhaft glücklich machen würde.
Verliere dich nicht in diesen künstlich hervorgerufenen Träumen!
An diese Träume sind unzählige Vorstellungen darüber geknüpft, was an dir dann anders wäre. Wahrscheinlich glaubst du, dann wärst du endlich glücklich. Deine Träume sind extrem mit Erwartungen verknüpft.
Es gibt dich in der Form, wie du dir das erträumst aber nicht.
Auf genau die gleiche Art und Weise wie du heute träumst, wird es dich auch nie geben.

Deine Träume von heute für ein schönes Morgen basieren auf deiner momentanen Vorstellungen von dir selbst. Sie stehen in starker Verbindung mit allem, was du über dich glaubst und dem, was dir jetzt deiner Meinung nach fehlt. Doch mit jedem Tag veränderst du dich. Somit können auch deine Träume sich in genau der Form auch nie erfüllen.

Hier kommen wir auch wieder zu dem Punkt, an dem viele von euch sich so genaue Vorstellungen von ihrer Zukunft gemacht haben, dass sie immer enttäuscht sein werden, weil immer etwas anders sein wird, als in eurem Traum.

In euren Träumen und Hoffnungen entstehen all diese Listen, die euch am Ende nie glücklich werden lassen. Genau so, wie in eurem Traum kommt es nie!

Es ist nicht ungefährlich, dass du dir wieder ein neues Konzept erträumt hast. Während du immer noch auf dessen Erfüllung wartest, verpasst du dein ganzes Leben.

Dein Leben ist aber nur jetzt, hier, in diesem Augenblick. Alles, was du über ein Morgen denkst, gibt es nur in deinem Verstand.

Das wahre Glück wohnt in deiner Seele und dort ist es schon dein ganzes Leben lang. Dort wartet es auf dich, bis du es geschafft hast, dich von all den Dingen loszulösen, die dein Wahres Sein verschüttet haben.

Allerdings gibt es sehr wohl tief in dir Seelenträume.

Der große Unterschied zu den vorhin genannten Träumen ist der, dass dir von deinen Seelenträumen nie jemand etwas erzählt haben muss.

Sie erzählen von ganz anderen Dingen. Auch sie wurden, wie die Liebe selbst, oft verschüttet mit all den oberflächlichen Träumen.

Wenn du bereit bist, all die anderen Dinge, die man dir als so wunderbar angepriesen hat, hinter dir zu lassen, bekommen Seelenträume Raum.

Deine wahren Seelenträume, die kennst du wohl, denn die vergisst niemand. Sie sind Bestandteil deines Seins und sind somit nie von dir zu trennen.
Doch ist euer Leben meist so dermaßen überfüllt mit allem Möglichen, was ihr angeblich zu erledigen habt, dass für sie kaum Raum und Zeit bleibt.
Jedoch tief in euch, da seid ihr euch sehr bewusst, dass es da etwas gibt, das sich in euch und durch euch entfalten möchte.
Auch die Liebe, die du bist, möchte nichts Anderes von dir, als dass du den ganzen unnötigen Ballast loslässt, um dir ein Leben zu ermöglichen, welches du in völligem Einklang mit dir selber, deiner Seele und deinem Sein führen kannst.

Ein wichtiger Schritt ist für dich, dass du auch bei deinen Träumen und Wünschen aufzuräumen beginnst.
Hier befreist du dich selbst und auch deine Liebesbeziehung von so viel Druck. Versenke dich ab und zu in deine Seelenträume. So findest du auch die Klarheit, die du brauchst zu erkennen, was alles in deinem Leben noch hinderlich ist.

Gewiss ist es grundsätzlich nicht verwerflich, wenn ihr euch zum Beispiel ein schönes Haus wünscht.
Das Problem, das aber so viele Menschen haben ist, dass euer Haus schließlich wichtiger wird, als eurer Seele zuzuhören.
Natürlich müsst ihr euch um eure Körper kümmern. Natürlich habt ihr das Bedürfnis ein Dach über dem Kopf zu haben, euch warm genug zu kleiden, zu essen zu haben. Die Frage ist jedoch, wie viel Aufwand betrieben werden muss. Wie groß muss der Ort wirklich sein, in dem ihr lebt? Wie angefüllt müssen euer Kleiderschränke und Kühlschränke sein?

Ihr müsst in eurem Leben zunächst den Weg gehen, dass ihr von der Fixierung auf rein äußerliche Wünsche wegkommt.

Ihr werdet nur so wieder an eure Seelenwünsche erinnert und an das, was ihr wirklich seid.

Wenn ihr die Fülle und Liebe in euch entdeckt habt, dann ist es gar nicht mehr so wichtig, wie euer Haus nun tatsächlich aussieht. Aber sehr wahrscheinlich werdet ihr euch dann eines aussuchen, das euren wahren Bedürfnissen entspricht und besser zu euch passt.

Was aufgeräumt und losgelassen werden soll, das zeigt dir das Leben immer. Du kannst davon ausgehen, dass all die Dinge, die von dir gehen, es deshalb tun, weil es deiner Seele nicht gut tut, sie in dieser Form zu behalten.

Das heißt nicht unbedingt, dass nie mehr etwas auch wieder zu dir zurückkehrt. Wenn es wiederkehrt, dann hast du dich bereits von einigem lösen können, das dich künftig behindert hätte.

Allein der Augenblick, den ihr im Jetzt erlebt ist das Geschenk an euch, das ihr jetzt braucht. Versucht aufzuhören, euch über Wünsche und Träume, die irgendeinmal später zu euch kommen sollen, selbst zu verlieren.

Jeder Augenblick ist dein Geschenk, in jedem Augenblick *bist* du, weil du lebst. In jedem Augenblick bist du Liebe und genau so, wie du jetzt sein sollst.

Du bist nicht erst später irgendjemand, wenn du endlich so bist, wie du glaubst sein zu müssen. Du bist auch nicht erst dann jemand, wenn du das hast, was du meinst haben zu müssen.

Lerne dich zu achten und zu respektieren, so wie du jetzt bist.

Vielleicht bist du gerade allein. Vielleicht bist du in einer sehr schwierigen Liebesbeziehung. Immer ist es wichtig, dass du dich selbst mit all deinen Gefühlen annimmst und achtest.

Du bist bereits jetzt wunderbar. Das Leben ist für dich gemacht, damit du Erfahrungen sammelst und dich entdecken und ausprobieren kannst.

Es geht viel weniger darum etwas Bestimmtes zu erreichen, als einfach nur die Erfahrung deines Lebens zu machen.

Alles, von dem ihr meint es erreichen zu müssen ist etwas, das in euch konditioniert wurde. Ihr habt so viel gesehen und gehört darüber, wie ihr angeblich zu sein habt, dass viele eurer Träume mit dem, was ihr wahrhaft seid, überhaupt nichts zu tun haben.

Lass getrost deine Wünsche ziehen. Du brauchst dich nicht an diese Dinge zu klammern.

Deine wahren tiefen Seelenwünsche, die wirst du sowieso niemals los. Befreie dich selbst von dem ganzen Druck und unnötigen Ballast.

Wenn etwas zu dir kommen soll, dann wird es das immer, ganz gleich was du tust!

Wenn ihr das wirklich begriffen habt, dann wisst ihr auch, dass ihr euch entspannen dürft.

Es gibt keinen Grund, dass ihr in einer solchen Hektik bleibt. Viele von euch sind fürchterlich gestresst, weil sie meinen, dass sie nicht gut genug wären, wenn sie nicht alles Mögliche ausprobieren, um etwas Bestimmtes zu erreichen. Der Trick ist, dass ihr machen könnt was ihr wollt. Alles was für euch bestimmt ist kommt zu euch, ganz von selbst.

An dieser Stelle weise ich euch auf eine weitere Form von Verstrickungen hin. Es handelt sich um einen fälschlich erzeugten Zusammenhang, der sich in vielen eurer Köpfe befindet und der sehr viel Druck erzeugt:

Es kann es manchmal tatsächlich geschehen, dass sich jemand sehr angestrengt hat, um seinen Traum zu verwirklichen.

Nun stellt ihr dann einen Zusammenhang zwischen großer Anstrengung und gutem Ergebnis her.

Doch auch das ist ein Irrtum. Es kann so geschehen, doch oft genug ist es nicht so. Du wirst bestimmt das eine oder andere Mal schon erlebt haben, dass egal wie sehr du dich abmühst sich trotzdem nicht das erhoffte Ergebnis einstellt. Dann beginnt ihr zu verzweifeln. Ihr versteht die Welt nicht mehr. Ihr sucht nach eurem Fehler und denkt wieder wie minderwertig, erfolglos ihr doch wärt. Ihr besteht zudem darauf, für eure Mühen belohnt zu werden. Doch das alles kommt nur daher, weil ihr meint, große Mühe bedeutet auch, euren Traum zu erreichen.

Eure Mühen sind meist in eine falsche Richtung gelenkt. Ihr meint oft, ihr müsstet in eurer äußeren Welt etwas verändern, mehr tun, mehr arbeiten, besser werden, schöner sein, endlich dieses oder jenes schaffen.

Das ist nicht der Weg, der euch auf Dauer weit bringen wird.

Euer Weg will euch nach innen lenken, damit ihr euch auf das besinnen könnt, was ihr wirklich seid. Natürlich will ich nicht behaupten, dass dieser Weg mühelos zu beschreiten wäre.

Das Leben kennt so viele verschiedene Wege dir mitzuteilen, was für dich wichtig ist.

Du musst beginnen, die Zeichen auf deinem Weg zu erkennen und ihnen zu folgen, auch wenn du früher etwas ganz Anderes gelernt hast.

Lass dir Zeit damit.

So enorme Veränderungen geschehen nicht von heute auf morgen. Aber sei dir bewusst, dass du der einzige Mensch in deinem Leben bist, der die Zeichen seines Weges zu entschlüsseln vermag. Das Wissen liegt in dir, das auch zu können. Befreie dich von deinen engen Schemen, wie Dinge zu funktionieren haben und werde offen für das, was dir begegnet. Du kannst die Zeichen nur dann erkennen, wenn du im Hier und Jetzt bist und sie ansiehst. Aber bitte verfalle nun nicht wieder in einen neuen Stress und suche wie wild nach Zeichen.

Es reicht völlig, wenn du einfach gelassen im Hier und Jetzt bist. Erlebe einfach, was zu dir kommen will! Nimm es an! Das genügt!

Es macht überhaupt keinen Sinn, dass ihr euch ständig so unter Druck setzt. Fleiß an sich wird nicht belohnt. Achtsamkeit und Hingabe, dir selbst und dem Leben gegenüber, hingegen sehr wohl.

Du erlebst und erfährst dich einzig und allein durch die Dinge, die in deinem Leben auf dich zukommen. Sei achtsam und beobachte einfach nur, welche Gefühle und Emotionen sich in dir zeigen.

Meditation

Ein sehr hilfreiches Mittel mit dir selbst und deinem Wahren Sein in Verbindung zu kommen, ist die Meditation.
Es bedeutet nicht, zu träumen - im Gegenteil.
Meditation bedeutet, mit dir selbst und dem was sich jetzt in dir zeigt, in Kontakt zu kommen. Dabei bist du ungestört von äußeren Einflüssen.
Das ist eine so wunderbare Möglichkeit. Es ist für viele von euch ungewöhnlich und neuartig, weil ihr nicht darauf fokussiert seid, etwas im Außen, also in der materialisierten Welt, zu erhalten. Es ist anders als das, was ihr sonst so gewohnt seid: Ein ständiges Interagieren mit jedem der euch begegnet.
Es geht nun eben genau nicht darum, mit dem Äußeren in Reaktion zu sein, sondern es geht ausschließlich um dein Inneres.

Es ist eine sehr gute Möglichkeit zu üben, mit dir selber in Kontakt zu sein und dich zu beobachten. Solange du darin keine Übung hast, ist es gewiss herausfordernd. Da zeigen sich Dinge in dir, die du vielleicht noch nie bemerkt hast, vielleicht mag es sogar teilweise erschreckend sein. Aber gewiss ist es eine großartige Möglichkeit eben genau das zu erkennen, wo du vor dir selbst erschreckst, wo tief in dir etwas ist, das du nie wahrhaben wolltest.
Dort findest du all die wahren Gefühle, die dir einst verboten wurden oder die durch vieles zugeschüttet wurden.

Meditiere möglichst ohne jede Absicht. Sei einfach nur so, wie du jetzt bist. Dann bist du dir selbst so nah, wie sonst kaum. Druck ist hier der ungünstigste Ratgeber, den man sich vorstellen kann. Druck ist das, womit du sonst ständig konfrontiert bist. Eine Meditation will dich genau von diesen bisherigen Vorstellungen wegführen und dir etwas ganz Anderes über dich und das Leben offenbaren.

Du kannst so in deinen Körper hinein spüren. Du kannst erfühlen was du ansonsten kaum je wahrnimmst.

Du kannst deine Emotionen und Gefühle wahrnehmen, ohne dass du sie sofort in eine spezielle Richtung drängen musst, weil du gelernt hast und denkst, ein anderer möchte das von dir.

Wenn du meditierst will niemand etwas von dir. Du bist frei von äußeren Erwartungshaltungen.

Du hast diese Gefühle und Empfindungen nur für dich allein, einfach weil sie jetzt bei dir sein möchten und das ist ganz wunderbar.

So kannst du dich kennen lernen und immer mehr Kontakt aufnehmen mit dem, was du wirklich fühlst und bist.

Meditieren bedeutet nicht, dich weg zu wünschen, sondern ganz bei dir selbst zu sein. Du kannst zur Ruhe kommen, dich entspannen. Dort gibt es nichts zu tun, nichts zu müssen.

Herzebene

Wir haben sehr viel darüber gesprochen, dass eure Vorstellungen, Gedanken und Konzepte euch daran hindern, die wahre Liebe in euch und um euch herum zu fühlen.
Natürlich ist es nicht einfach, euch von diesen Schemen zu lösen, seid ihr doch so an sie gewöhnt. So wisst ihr nicht recht, woran ihr euch ohne sie überhaupt orientieren sollt.
Es kann auch geschehen, dass ihr nicht mehr wirklich wisst, was nun richtig oder falsch ist.
Oft klammert ihr euch deshalb noch an eure alten Vorstellungen, weil ihr einfach fürchtet den Halt zu verlieren.

Es gibt aber einen Ort, an dem du alles weißt und alle Informationen für dich bekommen kannst, die du brauchst: Dein Herz!

Ihr unterschätzt die Kraft eurer Herzen ganz enorm. Dabei ist alles wichtig, was ihr über das Herz empfinden und wahrnehmen könnt.
Ein Mensch, der mit seinem Herzen eng verbunden ist, kann nicht herzlos handeln. Er kann weder sich selbst noch einem anderen unbewusst so großen Schaden zufügen, wie jemand es kann, der seinem Herzen weder zuhört noch traut.
Eure Regeln und Konzepte habt ihr oft aus Angst erschaffen. Ihr habt Angst davor, was andere tun könnten oder, dass alles außer Kontrolle geraten könnte.

Jedoch haltet ihr euer Herz oft für gefährlich, weil es eine scheinbare Quelle eurer Verletzlichkeit ist, die ihr nicht fühlen möchtet.

Ihr habt eure Herzen und euer Wahres Sein dadurch aber beschnitten. Nur dein Herz ist genau der Ort, wo du keine Angst haben müsstest.

Euer Herz nimmt vieles wahr, das eure physischen Augen nicht sehen können und trotzdem ist das Realität, denn es wirkt sich auf euer sichtbares Leben aus. Jemand, der es versteht über das Herz mit euch zu kommunizieren, berührt euch ganz anders, als jemand, der das nicht tut. Ihr müsst noch nicht einmal darüber bescheid wissen, dass es eure Herzen sind, die ständig miteinander kommunizieren. Es läuft ganz automatisch ab und es beeinflusst euch.

Es gibt einige Beispiele, wie Herzkommunikation sogar bewusst dafür eingesetzt werden kann, um Probleme zu lösen. Notwendig wird Herzkommunikation insbesondere dann, wenn ihr mit eurer Sprache nichts erreichen könnt und ihr an Grenzen stoßt.

Ich nenne dir ein Beispiel, um es für dich sichtbar zu machen:
Wenn es Probleme mit deinem Haustier gibt, so kannst du dir jemanden holen, um mit deinem Tier zu kommunizieren.
Diese Kommunikation findet über das Herz statt. Tiere übermitteln immer Gefühle oder Bilder.
Die Gefühle und Bilder kann einzig das Herz begreifen.
Lediglich die Übersetzung der Bilder und Gefühle übernimmt der Verstand.
Ihr findet auf diesem Wege heraus, wo das Problem liegt und könnt es lösen. Das Tier und du, ihr verhaltet euch in der Folge anders, ihr versteht euch plötzlich.

Das ist ein Beispiel für Herzkommunikation, die in die sichtbare Welt gebracht wurde. Das einzige was du dabei sehen kannst, ist die Auswirkung.

Vor allem aber hast du ein sehr viel besseres Gefühl. Ein besseres Gefühl wirkt sich maßgeblich auf dein gesamtes Erleben aus.

Das, was mit Hilfe der Tierkommunikation passiert ist, bleibt im unsichtbaren Bereich, doch ist es deshalb nicht real?

Du kannst natürlich auch andere Beispiele heranziehen.

Die Kommunikation mit einem Baby oder Kleinkind erfolgt zum Beispiel zu einem überwiegenden Teil über das Herz. Dort kannst du spüren, was das Baby braucht, ob es ihm gut geht oder ob es sich vielleicht eine Berührung wünscht. Das ist die einzige Sprache, die Kleinkinder zunächst überhaupt verstehen können.

Eltern, die darüber bescheid wissen, tun sich sehr viel leichter, als jemand der nicht weiß, wie er mit seinem Kind überhaupt kommunizieren kann.

Jedes Gefühl von Vertrauen braucht eine intakte Herzkommunikation. Diese beginnt immer in dir selbst. Entscheidend ist, wie du mit deinem eigenen Herzen kommunizierst, ob du es achtest und respektierst oder nicht. Dein eigenes Herz und ob du seine Sprache verstehst ist der Schlüssel, um deinem Tier, deinem Kind oder deinem Partner auf der Herzebene zu begegnen.

Dein Herz hilft dir dabei, dich selbst besser kennen zu lernen und zu verstehen.

Ebenso kannst du beispielsweise mit deinem eigenen Körper in Kontakt kommen und mit ihm kommunizieren lernen. Voraussetzung dafür ist aber, dass du deinen Körper respektierst und ihm zuhören willst.

Solange dein Körper und dein Herz lediglich zu funktionieren haben, wirst du damit keinen Erfolg haben.

Dein Körper sendet dir ständig Signale, die du allerdings vom Verstand her nicht begreifen kannst.

Der Verstand kann nur die Auswirkungen sehen und beschreiben. Dein Verstand muss aber als Werkzeug benutzt werden, um die Empfindungen deines Körpers für dich verständlich zu machen.

Jedoch der erste Impuls muss über das Herz kommen. Was auch immer wirklich dahinter liegt, das bleibt allein für dein Herz erkennbar.

Nur über dein Herz kannst du eine Ahnung davon bekommen, was dich wirklich ausmacht, wer du wirklich bist.

Du bist nicht die Ansammlung an Gegenständen und Personen um dich herum. Du bist weder dein Haus, noch dein Beruf.

All das könntest du verlieren und viele Menschen haben bereits all diese Dinge verloren. Sie sprechen dann davon, dass sie *alles* verloren hätten. In Wahrheit haben sie all das verloren was sie für *alles* hielten.

Sie haben noch nicht erkannt, dass sie sich selbst niemals verlieren können. Sie selbst sind das einzig Beständige in ihrem Leben.

Leider haben die meisten Menschen noch nicht erkannt, dass ihr Wert nicht dadurch bestimmt wird, was sie besitzen und was nicht. Sie haben ihren wahren Wert, jenseits von Besitz und Wertvorstellungen, noch nicht erkannt.

Hast du das aber eines Tages verstanden, ändert sich alles für dich.

Hast du einmal begriffen, wie wunderbar und reich dein Herz ist, wie viel bislang ungenützte Herzenergie in dir wohnt, dann kommst du dem, wer du wirklich bist, sehr viel näher.

Ganz automatisch ändert sich auch dein Umgang mit allen anderen, denn du hast begriffen, dass Menschen viel mehr sind, als sie von sich glauben.

Ihr seid nicht die Ansammlung an sichtbaren Merkmalen, den Dingen, oder Personen die euch umgeben.

Ihr seid auch nicht euer Verstand, also ähnlich einem Computer der Beine hat und der mit seinen gespeicherten Vorstellungen durch die Welt geht. Ihr seid nicht wirklich den Bewertungen unterworfen, ob euer Computer besser oder schlechter funktioniert.

Auch seid ihr nicht das, was euer Verstand mit all seinen Vorstellungen über euch glaubt.

Kurzum, in eurem Verstand befinden sich die Ansammlung all der Konzepte, Ideen und Vorstellungen, die euch am Ende nicht glücklich machen.

In euren Herzen jedoch gibt es wahre Schätze zu bergen und dort erwartet euch eine Freiheit, die ihr nie gekannt habt.

Ihr seid viel mehr als ihr dachtet.

Ihr seid Liebe, aber ihr befindet euch erst auf dem Weg dahin, zu begreifen, was Liebe tatsächlich bedeutet.

Dein Herz bietet dir die Möglichkeit, hinter den Schleier zu blicken - hinter deinen eigenen Schleier und den Schleier, der die Menschheit noch daran hindert zu erkennen, wie schön und perfekt eure Erde tatsächlich ist. Der Schleier von dem ich spreche ist die Brille eurer Konditionierungen, Konzepte und Vorstellungen.

Auf euer Herz zu hören und es ernst zu nehmen, ist für euch oft noch schwierig.

Ihr müsst wissen, dass sich in eurem Herzen viele Wunden tief eingegraben haben.

Wenn du also beschließt, auf dein Herz zu hören und es ernst zu nehmen, dann wirst du zuerst damit beginnen müssen, viele der verkrusteten und ungeheilten Wunden und Narben anzusehen.

Viele Menschen haben Angst, ihr Herzen zu öffnen. Zu viele Wunden und zu viele Schmerzen machen es euch beinahe unmöglich, auch nur eine Weile lang hineinzuspüren.

Also tun viele, was sie gewohnt sind: Sie schieben das Gefühl schnell wieder weg.

Das machen sie so lange, bis sie vergessen haben, dass da etwas war.

Ihr müsst das wissen, weil ihr am Beginn dieser Reise sonst denken könntet, dass euer Herz euch nur von schlimmen Dingen erzählt, von Ängsten und Sorgen, von traumatischen Ereignissen, die dafür gesorgt haben, dass ihr euer Herz nicht mehr spüren wolltet.

Vielen von euch tut euer Herz zunächst einfach weh.

Genau das ist aber einfach so. Es ist weder bedenklich noch falsch.

Wenn du einen frischen Schmerz erlebst, dann tut das erst einmal sehr weh.

Nun haben sich viele von euch angewöhnt sich schnell abzulenken, um den Schmerz zu vergessen.

Tatsächlich funktioniert das auch und ihr lasst euch ablenken. Aber nur eure Aufmerksamkeit ist es, die sich ablenken und auf etwas Anderen richten lässt. Euer Körper und eure Seele hingegen, sie vergessen den gerade erlebten Schmerz nicht. Sie müssen daher einen Weg finden damit umzugehen.

Durch die Ablenkung schiebst du deinen Schmerz aber von dir. Du nimmst ihm in die Daseinsberechtigung und denkst dann wäre er fort.

Wo aber soll er nun hingehen? Verlassen tut er dich nicht, auch wenn du das denkst. Also wandert er in einen Bereich deines Seins, in den du in der Folge keine Aufmerksamkeit mehr hinein geben kannst und willst. Dort wäre ja der Schmerz, den du genau nicht fühlen willst.

So ist das über einen langen Zeitraum hinweg geschehen, dass es auch in euren Herzen Stellen gibt, die ihr nicht mehr fühlen könnt.
Dort finden sich alte Wunden und Schmerzen, die nie geheilt werden konnten, da ihr ihnen ihre Daseinsberechtigung, eure Hingabe und Aufmerksamkeit entzogen habt. Euer Herz ist der Schlüssel, aber es bedarf sehr viel Zuwendung und Hingabe, es von all diesen Dingen zu befreien und Heilung zuzulassen.
Wie du erkennen kannst ist es auch hier deine Liebesbeziehung, die dich auf diese verkrusteten alten Narben, die unerlösten Schmerzen hinweisen muss.

Wenn du hier nun einiges an Informationen für dich neu entdeckst, so kann es leicht geschehen, dass du beginnst dir selber Vorwürfe zu machen. Das passiert euch häufig, wenn ihr einen Irrtum erkannt habt. Ich möchte euch daher darauf aufmerksam machen, dass das was geschah, auch wenn es aus Unwissenheit war, trotzdem genau so geschehen musste.

Bei eurem Plan, herauszufinden, dass ihr Liebe seid und was das nun eigentlich bedeuten soll, musstet ihr zuerst einmal all die Schmerzen erfahren, die euch ein abgeschnittenes Gefühl zur Liebe ermöglichten.
Erst wenn du dich selbst abgeschnitten fühlst, dann wird der Weg zurück möglich. Hättest du nie vergessen, dass du Liebe bist, dann würdest du nie begreifen können, was es bedeutet Liebe zu sein. Ihr braucht das gegenteilige Gefühl, um zu begreifen und zu erkennen. Ihr müsst beides erlebt haben.

Nur durch die Erfahrung, die euch weit weggeführt hat von dem Wissen um euer wahres Sein, könnt ihr begreifen und tief in euch sagen: „Ja, ich habe verstanden!"
Nur so funktioniert euer menschliches Erleben. Das was für euch normal ist, das müsst ihr verlieren, um etwas Anderes kennen zu lernen.
Nun, da ihr ja niemals wahrhaft etwas Anderes als Liebe selbst sein konntet, musste es über eure Wahrnehmung geschehen, die so stark eingeschränkt werden musste, dass ihr es nur so vergessen konntet.
Heute ist vieles anders, als es noch vor einigen Jahren war. Ihr seid schon wieder sehr viel näher dran, euer Wahres Sein zu begreifen.
Die Zeit, wo ihr euch immer kleiner und enger fühltet, liegt schon eine Weile lang hinter euch. Ihr seid wieder dabei, euch auszudehnen und mehr Raum zu bekommen.

Die Schmerzen, die noch in euren Herzen sind, musstet ihr dort festhalten, um euch kleiner und verletzlicher zu fühlen.
Diese Schmerzen, die ihr nicht wahrhaben konntet, sind heute für euch nun greifbar und spürbar. Ihr müsst euch nun langsam daran gewöhnen, dass ihr euch ausdehnt.
Bei eurer Ausdehnung berührt ihr zwangsläufig all die Orte in euch, wo sich eure Schmerzen versteckt halten. Sie rücken in euer Bewusstsein.
Das ist für viele von euch schwer, denn manchmal meint ihr, dass es auf der Welt schlimmer zugehen würde denn je. Was tatsächlich ist, ist dass ihr es heute anders wahrnehmt.
Eure Fähigkeit zur Verdrängung schwindet täglich und das wirft Licht auf so viele Schmerzen der vergangenen Jahrhunderte.
Euer Bewusstsein dehnt sich wieder aus, eure Wahrnehmung wird wieder feiner, doch ist das zunächst auch mit vielen Unannehmlichkeiten verbunden.

Fandet ihr es nicht praktisch, die alten Schmerzen eben nicht mehr zu fühlen? So sehr hattet ihr euch an das gewöhnt. Doch je mehr ihr daran gewöhnt wart, umso weiter wart ihr auch davon entfernt zu fühlen, wer ihr wirklich seid.

Dass das nicht so bleiben kann, das weißt du ja schon.

Daher bleibt euch nichts Anderes übrig, als diese Schmerzen in euren Herzen anzunehmen, zu fühlen und auf diese Art der Heilung zu überlassen.

Willst du das verhindern, musst du so viel aktiv tun, dass sich diese Schmerzen nicht zeigen. Das wird immer anstrengender, bis es eines Tages so weit ist und du sagst: „Na gut, jetzt schau ich es mir an!"

Ihr habt viele schöne Möglichkeiten auf eurer Erde, wie ihr wieder mit eurem Herzen in Verbindung kommen könnt. Wähle dir einfach aus, was dir am passendsten erscheint und wozu sich dein Herz hingezogen fühlt.

Ihr könnt nicht einfach so in die Liebe hineinhüpfen. Ihr seid vielmehr gefordert, aktiv damit umzugehen, was sich euch zeigen will.

Dieser innere Zwang euch abzulenken, hat euch hektisch und rastlos gemacht. Überall fandet ihr etwas, was ihr bekämpfen musstet - in euch sowie auch bei euren Mitmenschen.

Doch nun wird es Zeit, dass wieder Ruhe in euch einkehren kann.

Diese Ruhe und dieser Frieden, nach dem ihr euch so sehr sehnt erfordert, dass ihr all diese Hektik und eure Ablenkungsmanöver bleiben lasst.

Damit ihr Ruhe und Frieden finden könnt, müsst ihr einfach aufhören, euch ständig antreiben zu lassen.

Dieser Weg führt euch über den Schmerz. Der alte Schmerz gibt nun den Weg frei für die Weite, für eure Ausdehnung und für eure eigene innere Ruhe.

Fürchtet daher die Schmerzen in euren Herzen nicht.
Sie zeigen sich, weil sie im Begriff sind zu gehen. Sie sind
gerade dabei, den Platz wieder frei zu geben.
Es ist wichtig, dass ihr auch dies als Geschenk annehmen
könnt, denn dann hört ihr auf, den Kampf gegen eure
Schmerzen aufrecht zu erhalten.

Atme einfach durch, atme alles aus, was dich schmerzt. Es
ist gut, genau so wie es jetzt sein will!
Sei ein wenig mutig! Dein Schmerz ist nichts Böses. Er
nimmt sich einfach nur eine Weile lang deine Aufmerksamkeit.

Herzmeditation

Anmerkung:

Eine Meditation in schriftlicher Form mag zunächst etwas umständlich erscheinen.
Natürlich ist es zu Beginn etwas komplizierter.
Allerdings hat sie auch einen wirklich großen Vorteil:
Nach einigen Durchführungen entwickeln eure Herzen Vorlieben und unterschiedliche Bedürfnisse was Zeit angeht. Oft wird das Herz auch kreativ und entwickelt plötzlich neue Ideen, die in der ursprünglichen Meditation nicht vorkamen.
Ich möchte dich unbedingt dazu ermutigen, dies auch zuzulassen, denn so kommst du an den Punkt, wo du keine geführte Meditation mehr brauchst. Du lernst dabei, deinem Herzen die Führung zu überlassen und entwickelst ein Gespür für die speziellen Bedürfnisse deines eigenen Herzens.
Das ist das Wichtigste überhaupt, um ein Leben führen zu können im Einklang, verbunden mit der Sprache deines Herzens, die nur du selbst verstehen kannst.

In der Anfangsphase, wo du noch eine Führung brauchst, um in diesen Kontakt zu kommen, empfehle ich dir, dir zunächst die gesamte Meditation einmal durchzulesen.
Du kannst dir auch kleine Zeichen machen, wenn ein neuer Abschnitt beginnt. Dann lege dir das Buch bereit.
Wirf einen Blick hinein, wenn ein Abschnitt für dich abgeschlossen ist und du einen neuen beginnen möchtest.
Du alleine kannst bestimmen, wie viel Zeit du für den jeweiligen Abschnitt benötigst und was sich für dich selbst gut anfühlt.

Vorbereitung:

Begib dich an einen Ort, an dem du ungestört bist und wo du dich wohl fühlst.
Gewiss ist es nicht vorteilhaft, wenn du einen Ort wählst, wo du viel Arbeit im Blickwinkel hast, die noch erledigt werden sollte.
Suche dir also einen Ort, wo dich nichts von dir selbst ablenken könnte. Einen Ort, an dem nichts und niemand deine Aufmerksamkeit auf sich zieht.
Achte ebenfalls darauf, dass du keine einengende Kleidung trägst. Vielleicht legst du dir eine Decke bereit, falls es dir kühl wird – das kommt beim Meditieren manchmal vor.
Die Meditation beginnt im Stehen, später kannst du dich entweder bequem auf den Rücken legen oder dich setzen.
Hauptsache du entspannst dich dabei!

Meditation:

Beginne damit, dass du dich für einige Minuten kräftig schüttelst:
deine Arme, Beine, Hände, Füße, den Kopf, deinen Rumpf.
Streck dich nun nach allen Seiten und genieße, wie sich deinen Muskeln dehnen.
Folge dabei nur deinem inneren Empfinden und dehne dich dorthin, wo es sich einfach gut anfühlt.

Nun stell dich hin, deine Füße sind etwa hüftbreit auseinander. Sei locker in den Knien.
Schließe deine Augen und fühle, wie deine Füße den Boden berühren.
Atme mehrmals tief ein und aus.
Atme durch die Nase ein und durch den Mund aus.

Nichts ist nun wichtig, außer deinem Atem.
Fühle, wie dein Brustkorb sich langsam hebt und wieder senkt.
Fühle die frische der eingeatmeten Luft, wie sie sich in deinem Brustkorb ausdehnt.
Fühle, wie du die verbrauchte Luft wieder ausstößt.
Spüre in deinen gesamten Körper hinein, von den Füßen ganz langsam über Waden, Knie, Oberschenkel nach oben.
Fühle, wie dein Atem jede Zelle deines Körpers durchströmt. Richte deine Aufmerksamkeit nun weiter nach oben - zu deinen Hüften, Unterleib, Bauch, Po, Kreuzbein, Oberkörper, Rücken, Schultern, Arme, bis hin in deine Hände und Finger.
Vergiss nicht zu atmen.
Nun wandert deine Aufmerksamkeit über deine Schultern, Nacken, Hals bis in den Kopf und dein Gesicht.

Fühle, wie deine Atemluft deinen Brustkorb hebt und senkt.
Nun leg deine rechte Hand auf dein Herz und spüre es.

Jetzt kannst du dich entweder hinlegen oder setzen und erneut die Augen schließen.
Mit deiner rechten Hand streichst du liebevoll über dein Herz. Massiere es ein wenig und schicke dabei das Gefühl des Respekts und der Anerkennung in dein Herz.

Nun atme gemeinsam mit der Atemluft Liebe ein! Du kannst sie dir auch als imaginäre rosa Wolke vorstellen.
Mit der verbrauchten Luft atmest du Schmerzen aus.
Atme Liebe ein,
atme Angst aus.

Wiederhole diesen Vorgang mehrmals.
Fühle, wie dein Herzraum sich ausdehnt und weiter wird.

Du kannst deine Hand auf deinem Herzen lassen oder sie wegnehmen, sobald dein Herz mehr Raum braucht.
Atme erneut Liebe ein und nähre mit dieser Liebe dein Herz.
Erlaube deinem Herzen zu wachsen und sich auszudehnen.
Atme allen alten Schmerz aus und gib ihn frei.

Nimm dir für diesen Vorgang mehrere Minuten Zeit.
Es macht nichts, wenn du eine Weile brauchst, bis du die Konzentration auf dein Herz gerichtet behalten kannst.
Probiere es mit einer sanften Herzmassage, wenn du den Kontakt wieder zu verlieren drohst.
Sei ganz respektvoll mit dir und richte deine Aufmerksamkeit wieder behutsam auf deinen Brustraum.

Atme Liebe ein, lass dein Herz sich dehnen und weiten, lass die Liebe es nähren.
Wenn du Schmerzen empfindest, so atme sacht Liebe in diese Bereich deines Brustraumes.
Sag deinem Schmerz, dass es in Ordnung ist, wenn er nun da ist.
Atme weiter Liebe ein und lass deinem Schmerz diese Liebe zuteil werden.
Dränge ihn nicht fort, sondern schenke ihm einfach nur Beachtung. Beobachte ihn nur und mache einfach nichts, als weiter zu atmen.
Beim Ausatmen fühlst du, wie dich das Alte nun verlassen darf.

Nun leg deine Hände auf deinen Herzbereich, ganz sanft.
Spüre in dein Herz hinein.
Fühlst du, wie es schlägt?
Nimm dir einige Minuten Zeit, einfach nur dein Herz zu fühlen. Vielleicht spricht es mit dir? Was erzählt es dir?

Erlaube der Liebesenergie in deinem Herzen sich auszudehnen und langsam größer zu werden.

Zur Unterstützung kannst du dir deine Herzenergie als rosafarbenes Licht vorstellen, das sich über deine Brust hinaus ausdehnt.

Vielleicht kannst du diese Energie sogar so gut spüren, dass du sie mit deinen Händen umgreifen möchtest.

Ist sie schon so groß, dass sie sich einige Zentimeter über deinen Brustraum hinaus erstreckt?

Lass sie sich weiter dehnen! Erlaube deiner Herzenergie immer mehr zu strahlen und gib ihr mit deinen Händen auch immer mehr Raum.

Die Liebesenergie ist nun auch auf deine Hände übergegangen, was würdest du gerne mit ihnen berühren?

Lass dir Zeit und spüre einfach nur in dich hinein.

Zum Abschluss bewegst du nun sanft die Füße.

Schüttle deine Beine etwas aus. Löse die Hände von deiner Brust und schüttle Hände und Arme.

Öffne langsam die Augen, setz dich auf.

Du darfst das Gefühl der Verbindung und Ausdehnung deines Herzens ruhig behalten, so lange es für dich funktioniert.

Es gibt keinen Grund, diese wunderbare Verbindung abrupt abzubrechen.

Dafür empfiehlt es sich, alles ganz langsam und behutsam zu tun.

Vielleicht hast du bereits eine Idee was du mit deiner Liebesenergie in deinen Händen und deinem Herzen tun möchtest, oder aber du behältst sie ganz für dich allein und genießt sie einfach nur.

Es ist deine Energie und du allein entscheidest darüber, was du mit ihr tun möchtest und was sich für dich selbst gut anfühlt.
Vermeide es, mit dieser Energie etwas zu tun, das dein eigenes Herz unglücklich macht!

Der Umgang mit den Gefühlen

Absolute und schonungslose Ehrlichkeit im Umgang mit den eigenen Gefühlen ist ein außerordentlich wichtiges Hilfsmittel. Viele von euch müssen das neu erlernen.
Als Kinder könnt ihr das. Ein Kind ist völlig direkt damit, seinen momentanen Gefühlen einfach Ausdruck zu verleihen.
Mit der Zeit jedoch lernet ihr, dass manche Gefühle unerwünscht sind. Einige Emotionen waren für euer Umfeld sehr unangenehm und man versuchte sie euch abzugewöhnen. Oft war es auch so, dass einfach keine Zeit dafür da war, mit den jeweiligen Gefühlen umzugehen.
Da euch sowohl das Bewusstsein für die Wichtigkeit, als auch Übung und Zeit fehlt, ist es kein Wunder, dass Verdrängung zu einer üblichen Methode wurde.
Ihr lebt in einer sehr hektischen Zeit. Viele Menschen stehen unter Stress, alles zu erledigen. Da ihr nie erfahren habt, wie wichtig eure Gefühle eigentlich sind, kann man verstehen, dass hierfür dann eben keine Zeit mehr bleibt.
Ihr selbst lehnt automatisch viele eurer wahren Gefühle ab.
Ich möchte euch ermuntern sie wieder hervorzuholen. Gebt ihnen wieder Raum und Zeit.

Das bedeutet nicht, dass ihr jemandem finden müsst, dem ihr all eure Gefühle erzählt. Erzählt sie euch vor allem einmal selbst!
Gebt euch Zeit und gewöhnt euch als erstes einmal daran, euch Gefühle zu erlauben, vor allem diejenigen, die euch unangenehm sind.

Die Kurzfassung, wie ihr mit ihnen umgehen könnt, habe ich euch schon erklärt: Einfach alle Gefühle annehmen, die da sind.

So lange ihr darin kaum Erfahrung habt, wird euch das nicht viel helfen. Es hört sich viel leichter an, als es dann tatsächlich angewandt werden kann.

So kann es zu Beginn sein, dass ihr euch ganz einfach überfordert fühlt. Vielleicht tragt ihr den Wunsch in euch, es richtig machen zu wollen.

Anleitung zum Erforschen deiner Gefühle:

Beginne immer mit dem vordergründigsten Gefühl, welches du momentan spürst. Was ist es, das sich in dir gerade breit macht?

Es ist vielleicht genau diese Überforderung. Vielleicht ist der Begriff Unsicherheit noch passender.

Nehmen wir nun dieses Gefühl - das ihr übrigens häufig fühlt, es euch aber nicht erlauben wollt - und betrachten es einfach einmal.

Dann kannst du sehen, wie dich dein Gefühl leiten kann und dir einiges Interessantes erzählt.

Gib nun also diesem Gefühl Platz und Raum und lerne es kennen.

Was erzählt dir diese Überforderung, wenn du ihr zuhörst?

Vielleicht erzählt sie dir davon, wie viel du schon ausprobiert hast? Vielleicht erzählt dein Gefühl dir etwas über deinen Frust, weil bislang so viel nicht funktioniert hat?

Lass einfach zu, dass du dir das anhörst.

Vielleicht hörst du auch gar nichts. Vielleicht kannst du hingegen einen Druck in Bauchraum oder in der Magengegend wahrnehmen.

Es ist nicht wichtig dass du etwas ganz Bestimmtes hörst.

Es ist nur wichtig, dass du dich einfach darauf einlässt und geschehen lassen kannst, was sich dir zeigen will.

Versuche, nichts zu erwarten, sonst übersiehst du, was sich dir wirklich zeigt.

Erwartung blockiert deine Beobachtungsfähigkeit und schränkt deine Sichtweise stark ein.

Atme hinein und versuche, dem Gefühl in dir zu vermitteln, dass es nicht schlimm ist, wenn du dich jetzt genau so fühlst. Es kann ziemlich unangenehm sein.

Solange du nicht gewöhnt bist, so mit dir umzugehen, wird immer wieder das einsetzen, was du bisher gewohnt bist: Es drängen sich alle möglichen anderen Dinge in den Vordergrund und versuchen, das Gefühl wegzudrängen.

Sei einfach behutsam und geduldig. Lenke deine Aufmerksamkeit immer wieder zurück.

Taste dich einfach langsam vorwärts.

Deine Gedanken leiten dich immer genau dort hin, wo es gilt hinzusehen.

Es kann durchaus sein, dass du bald vom Gefühl der Überforderung zu einem ganz anderen Gefühl vordringst.

Versuche, das nicht zu steuern oder zu verändern, sondern schau dir einfach das neue Gefühl an.

Was erzählt dir nun dieses neue Gefühl?

Vielleicht spürst du Unsicherheit oder Verwirrtheit?

Atme einfach hinein und erlaube dem Gefühl einfach da zu sein.

Vielleicht bist du ärgerlich, weil eigentlich alles gerade anders ist, als du es dir wünschst? Dann höre deinem Ärger zu!

Vielleicht fällt dir auch auf, wie sehr du dich unter Druck setzt und wie viel du dir aufgebürdet hast? Auch das wird dich vielleicht ärgerlich oder traurig machen.

Atme erneut genau dort hinein und erlaube einfach, dass sich das jetzt genau so anfühlt. Versuche, es nicht zu ändern, sonder nimm es wahr.

Es ist wichtig, dass du dir angewöhnst nicht sofort eine Änderung herbeiführen zu wollen. Das hast du bisher so lange gemacht, daher dauert es eine Weile bis du dir etwas Anderes angewöhnt hast.

Deine Gefühle anzunehmen, ist in erster Linie eine Forschungsreise in dein Inneres. Du wirst Entdecker und Beobachter. Du kannst Zusammenhänge zwischen Gefühlen, Situationen und auch Personen entdecken.
Vielleicht wirst du mitunter unglaublich wütend auf eine Person aus deiner Vergangenheit oder aus deinem jetzigen Leben. Vielleicht fällt dir jemand ein, der genau dieses momentane Gefühl von dir, dir einfach nie erlauben wollte. Lass auch diesen Ärger zu!

Wenn ich zuvor davon gesprochen habe, dass es im Grunde keine *Schuld* an etwas gibt und die Menschen, denen wir begegnen nur Boten sind, dann heißt das nicht, dass du nicht trotzdem Wut, Ärger oder Trauer empfinden dürftest. Das Gegenteil ist der Fall!
Lass deine Wut vor dir selbst zu! Gesteh sie dir ein!
Nur so kann sich langsam der Knoten lösen, der sich schon so lange in dir befindet und nicht heilen kann, weil du es nicht erlaubst ihn auch zu fühlen.

Es bedeutet aber nicht, dass du nun sofort zu jener Person rennen musst, um deiner Wut dort Ausdruck zu verleihen. Jedenfalls nicht sofort.
Manche Menschen, die dich wütend gemacht haben oder von denen du dich unterdrückt gefühlt haben magst, leben heute nicht mehr. Daher musst du sowieso einen anderen Weg wählen.
Eine schöne Möglichkeit wäre, in einem Brief all das aufzuschreiben, was dir in den Sinn kommt. Erlaube dir, alles zu sagen. Benutze die wildesten Wörter, falls dir danach ist. Limitiere dich nicht.
Diesen Text wirst du aber keinesfalls abschicken. Er dient ausschließlich deiner eigenen inneren Bewusstwerdung,

was da alles im Verborgenen kocht und dich innerlich behindert.

Gleichzeitig hilft dir diese schriftliche Form auch, dir zu erlauben, dass du dich ganz einfach eben so fühlst. Es ist egal, was irgendjemand Anderes darüber denken könnte. Schreibe dir alles von der Seele, bis dir einfach nichts mehr einfällt.

In der Folge kannst du den Brief dann verbrennen. Äußere zunächst den Wunsch, dass du diesen Schmerz, all die Wut loslassen möchtest.

Dann fühle in dich, wie es sich anfühlt während dein Text verbrennt.

Nimm einfach all das an, was an Hass, Schmerz, Wut, Zorn, Trauer und was auch immer in dir zu finden ist.

Ihr seid Menschen und ihr habt all diese Gefühle nicht zufällig bekommen. Solltet ihr sie nicht haben, dann hättet ihr sie nicht. Es gibt keine Gefühle zweiter Klasse, solange ihr sie nicht selbst dazu macht. Genau das ist geschehen. Ihr habt Gefühle bewertet und abgeurteilt. Auch das ist nichts Anderes als ein Konzept, eine Idee in euren Köpfen.

Geht sorgsam mit euren wahren Gefühlen um. Gebt ihnen Raum und Platz.

Wenn ihr viele von ihnen geklärt habt, dann kommt ihr eurer natürlichen Intuition wieder sehr viel näher. Ihr werdet unabhängig davon was man euch erzählen will, denn ihr spürt instinktiv was zu euch passt und wo ihr kein gutes Gefühl habt. Lernt euch selbst wieder zu vertrauen!

Nehmt ihr eure Gefühle nicht ernst, tut ihr sie ab, oder schlimmer noch, ihr habt vergessen, dass sie da sind, dann werdet ihr an sie erinnert werden. Nun wisst ihr ja schon, wie das mit dem Erinnern funktioniert.

Wäre es nicht merkwürdig, wenn etwas, das in dir hochkommt gar nicht da sein sollte? Weshalb sollte es daher zum Schweigen gebracht werden?
Kann es Liebe sein, wenn du viel Aufwand dafür betreiben musst, dich selbst und alle anderen vor deinen wahren Gefühlen zu schützen? Wie könnte man von Liebe sprechen, wenn du doch das Gefühl in dir trägst, dass da etwas in dir ist, das unangenehm und nicht heil ist?

Gefühle sind nicht böse oder gefährlich. Sie sind einfach, weil sie dazu gehören und weil sie dir wichtige Hinweise geben wollen.
Doch diese Aufgabe können sie erst übernehmen, wenn du ihnen auch den Platz einräumst, den sie brauchen.
Sie wollen bei dir sein dürfen, die Guten, wie die Schlechten.

Bislang habe ich mich auf die Erwähnung der unangenehmen Gefühle beschränkt. Sie werden meist viel stärker bekämpft.
Ich muss euch aber darauf hinweisen, dass ihr oft auch die schönen Gefühle wie Freude und Glück schwer annehmen könnt.
Das liegt auch daran, dass ihr euch selbst innerlich noch viel zu sehr abwertet und nicht glauben könnt, dass ihr Glück und Liebe verdienen würdet. Daher stoßt ihr sie dann oft weg. Ihr wollt sie nicht nehmen.
Nehmt auch das wahr. Lasst zu, wenn es jetzt gerade so ist.

Zusätzlich unterschätzen viele von euch, dass schöne Ereignisse in eurem Leben durchaus auch mit für euch verwirrenden Gefühlen einhergehen.
Ihr habt Träume, in denen ihr recht genaue Vorstellungen darüber habt, wie es sich wohl anfühlen würde, etwas Ersehntes zu erreichen.

Nun dürft ihr aber nicht denken, dass sich das Erhoffte auch tatsächlich nur gut anfühlen wird.

Auch hier kommen Gefühle hinzu, die vielleicht von Unsicherheit erzählen. Verwirrung ist ganz oft die Folge. Zusätzlich habt ihr viel Zeit dafür aufgewendet, für eure Träume zu kämpfen. Viel Energie, die dort gebunden war, wird mit einem Mal frei. Es entsteht so etwas wie ein Schockzustand in euch, den ihr nicht unterschätzen dürft. Es breitet sich dann vielleicht ein Gedanke in euch der sich in etwa so anhören kann: „Oh weh, und was ist nun?"

Das mag sich so verwirrend anfühlen, dass ihr zunächst einfach denken könntet, dass ihr euch das so nun überhaupt nicht erträumt habt.

Ihr fühlt euch ganz einfach überfordert.

Hinzu kommen noch die Reaktionen aus eurem Umfeld, die für euch natürlich ebenfalls unerwartet sein werden. Ihr wart an diesem Punkt in eurem Leben noch nicht. Daher seid ihr einfach unsicher, vielleicht auch ängstlich, wie denn nun andere darauf reagieren, wenn ihr etwas lang Ersehntes erreicht habt. Fürchtest du vielleicht sogar Neid und Missgunst?

Wenn ihr aber schon erlernt habt, dass es sich auch hier lediglich um Gefühle handelt, die angesehen werden wollen, um anschließend in die Erlösung zu kommen, dann verwirrt es euch nicht mehr so sehr.

Während dieser Arbeit kann es auch vorkommen, dass ihr plötzlich unter Stress geratet. Vielleicht kommen euch Bedenken, dass wenn ihr diese Gefühle zulasst, sie euch dann womöglich dauerhaft erhalten bleiben. Das wollt ihr natürlich nicht und es ängstigt euch.

Schaut euch auch dieses Gefühl an, denn es gibt euch einen der Hinweise darauf, weshalb ihr euch vor euren Gefühlen fürchtet.

Wenn ihr ein wenig Erfahrung gesammelt habt, dann merkt ihr schnell, dass es nur Angst ist, die da spricht. Bei einiger Erfahrung wirst du merken, dass diese Gefühle keineswegs lange bleiben.

Abhängig bleibt das natürlich von der Tiefe, in die ihr dabei eintaucht.

Sollte sich ein wirklich so tief sitzendes Problem zeigen, dass du mit deiner Überforderung selbst nicht klar kommst, dann such dir Hilfe!

Ihr müsst nicht immer alles alleine regeln.

Es muss euch nur klar sein, dass, wenn ihr Hilfe sucht, das nicht dazu führen kann, eure Gefühle wieder los zu werden oder abzugeben. Die Verantwortung für sie werdet ihr nie los.

Sie durchwandern und kennen lernen, das müsst ihr in jedem Fall, wollt ihr euch selbst Heilung gewähren.

Manchmal ist eine Unterstützung bei dieser Arbeit wirklich sinnvoll.

Gefühle sind oft nicht eindeutig und klar. Es kommt vor, dass du verschiedene Gefühle gleichzeitig hast und diese Gefühle kämpfen in deinem Inneren gegeneinander.

Wenn wir bei dem eingangs betrachteten Beispiel der Überforderung bleiben, so wird es wahrscheinlich sein, dass ein innerer Teil von dir sich dagegen auflehnt.

Dieser Teil schickt dir vielleicht ähnliche Botschaften wie: „Das kann nicht sein, ich kriege immer alles geregelt."

Er ist stur und gleichzeitig wütend, vielleicht auch autoritär, weil er sich ja bislang immer hervorragend durchsetzen konnte.

Ihr könnt davon ausgehen, dass es in euch laute und leise Anteile gibt, die von unterschiedlichen Bedürfnissen und Gefühle erzählen.

Die lauten Anteile vermitteln meist Gefühle, die euch dazu veranlassen wollen, dass ihr die Kontrolle behaltet. Sie haben euren Selbstschutz als oberste Priorität. Sie sind nicht weich oder zart, sondern hart und aburteilend.

Sie sind dem Verstand zuzuordnen. Sie denken pragmatisch und schicken schnell Warnsignale wie Stress oder Angst. Sie erzählen darüber, dass sie euch beschützen wollen.

Dann gibt es die leisen Anteile in euch, die von Verletzlichkeit erzählen, von Überforderung oder vielleicht von alter Trauer. Vielleicht sagen sie dir auch, dass du schrecklich müde bist und eigentlich gar nicht mehr so weiter machen kannst. Sie sind stark in den Hintergrund gedrängt, weil die vorhin genannten Anteile so laut sind.

Trotzdem ist es gleichgültig wie laut ein Teil ist. Der andere, wenn er noch so leise oder gar verstummt ist, bestimmt euer Leben mit.

Ihr kämpft einen ständigen Kampf in euch, der euch unglaublich viel an Energie raubt und euch zusätzlich müde macht und Nerven kostet.

Eure Boten machen euch all die leisen oder verstummten Anteile und Gefühle sichtbar. Ihr braucht jemanden der das tut, damit ihr sie überhaupt wieder fühlen könnt. Sie triggern sie an, damit ihr erkennt, dass sie sehr wohl da sind und nach Erlösung verlangen. Nur so kann euer innerer Kampf ein Ende finden.

Wenn es nun um widerstreitende Gefühle geht, dann verfallt nicht in eine Wertung. Es geht nicht darum, dass ihr einem Gefühl den Vorzug gebt und dem anderen vermittelt, es solle Ruhe geben. Das seid ihr so gewohnt, das macht ihr bereits unbewusst.

Es geht jetzt darum, einfach beiden widerstreitenden Aspekten zuzuhören. Vielleicht hilft dir die Vorstellung, dass es zwei kleine Kinder sind, die einfach ihrem Gefühl Ausdruck verleihen.

Du brauchst nicht einem von beiden Recht zu geben. Du gibst ihnen beiden einfach Zeit, sich zu erklären und zu offenbaren. Das alleine reicht schon aus, um die innere Spannung abzubauen.

Es gilt hier, beim Annehmen der Gefühle, nicht nach einer Lösung zu suchen. Es geht darum, einfach nur zu erlauben und dir bewusst zu werden, was da in dir bislang möglicherweise unbemerkt, geschieht.

Gefühle zu werten ist grundsätzlich keine gute Idee.

Sie sind wie sie sind. Sie können durch eine Abwertung keineswegs unter Kontrolle gebracht werden. Nichts kann sie unter Kontrolle bringen! Allein deine Einstellung ihnen gegenüber entscheidet darüber, ob sie dich behindern, oder nicht.

All diese unangenehmen Gefühle, die euch manchmal die Luft zum Atmen nehmen, sie bleiben nie. Sie zeigen dir etwas. Sobald sie das getan haben, haben sie keinen Grund mehr, länger zu verweilen.

Glaubt eurem Verstand nicht, wenn er in Panik gerät und euch dazu veranlassen will, sofort etwas zu unternehmen. Ihr seid gar nicht bedroht, es sind nur Gefühle, die euch Angst machen und die mitunter auch wirklich unangenehm sind.

Geh hindurch, ohne deinem Verstand den Gefallen zu tun, das weghaben zu wollen. Du wirst nach und nach erkennen können, dass es gar nicht so schrecklich ist, einmal etwas Unangenehmes zu erleben.

Es kommt häufig vor, dass sich manche Gefühle nach einer Weile wieder melden.

In diesem Fall nähert ihr euch einem Thema, nicht selten geknüpft an Situationen oder Erlebnisse, auf einer tieferen Stufe als zuvor.

Ihr könnt diesen Prozess mit dem Schälen einer Zwiebel vergleichen. Schicht um Schicht wird abgetragen was euch behindert.

Das Leben ist für euch geschaffen, damit ihr eine große Bandbreite an Dingen, Gefühlen, Situationen erleben könnt. Ihr braucht auch das Unangenehme.
Bitte schließt Frieden mit euren unerwünschten Empfindungen und hört damit auf, alles Mögliche zu tun, nur um diese Empfindungen los zu werden. Ihr werdet es nicht schaffen, denn sie werden nie verschwinden.
Aber wenn du lernst, sie anzunehmen, dann wirst du frei. Die Freiheit liegt nicht darin, nichts mehr Unangenehmes zu erleben.
Das Verhindern des Fühlens unerwünschter Gefühle verbrauchte unglaublich viel eurer Energie. Diese Energie ist und bleibt gebunden, so lange, bis der Kampf in euch selbst aufhört.
Du bist frei, wenn du nicht mehr tausend Dinge dagegen unternehmen musst. Deine Energie kann endlich frei fließen.

Den Zustand des Annehmens, egal wie auch immer er sein mag, brauchst du, damit du auch deine Liebesbeziehung befreit leben kannst.
Ansonsten bleibt dein innerer Kampf ständig aufrecht und kostet dich so viel Energie, dass du keine Liebe mehr fühlen oder genießen kannst.

Das alles braucht Zeit, Geduld und viel Übung. Zu Beginn wird es dir schwerer fallen. Dir ein neues Verhalten anzugewöhnen ist ungewohnt und erfordert zunächst einiges an Aufwand. Doch mit der Zeit, je mehr du dich daran gewöhnt hast, umso leichter wird es dir fallen.
Du gewinnst auch Vertrauen in dich selbst. Du wirst einen klareren Blick gewinnen. Du wirst dich weniger

ausgeliefert fühlen, weil man dich nicht mehr so leicht manipulieren kann.

Wenn du deine Gefühle gut kennst, erkennst du auch, wo man dich vielleicht in etwas hineinzuziehen versucht, was dir nicht wirklich gut tut. Du musst auch all die Mechanismen nicht mehr ernst nehmen, die dazu dienen, Gefühle abzuwehren. Von diesen Mechanismen und Ablenkungen habt ihr viele auf eurer Erde.

Doch nur in eurem Wahren Sein ist Ruhe. Dort kannst du im Einklang sein mit dem was eben jetzt gerade ist.

Wenn du Klarheit darüber gewonnen hast, wie es in dir aussieht und wenn du nicht mehr von deinen Emotionen gefangen genommen bist, dann kannst du auch in ehrliche Kommunikation mit deinen Mitmenschen kommen.

Du weißt nun viel mehr darüber was dir gefällt und was dich stört.

Du kannst nun auch deutlicher und klarer deine Position vertreten. Dein Umfeld weiß nun auch besser Bescheid darüber, wer du bist.

Natürlich ist es so, dass ihr auch miteinander Dinge zu klären habt. Selbstverständlich gibt es Bereiche, in denen ihr nicht alles nur in euch alleine klären könnt, aber dort beginnt es. Nur dort findest du die nötige Klarheit die es braucht.

Missverständnisse entstehen oft unter euch, weil ihr nicht versteht, was mit euch selbst oder euren Partnern los ist.

Wenn ihr immerhin schon wisst, was mit euch selbst los ist, fällt es euch leichter dem Anderen zuzuhören ohne eure Partner gleich mit Schuldzuweisungen zu überhäufen. Solange ihr emotional sehr verstrickt seid, wird es auch schwer eine Lösung durch ein Gespräch zu finden.

Sobald die Klarheit da ist, könnt ihr ehrlich darüber erzählen, was euch stört oder was ihr nicht verstehen könnt.

Euer Austausch wird eine ganz neue, viel tiefere Qualität bekommen. Das ist etwas, wonach ihr euch wirklich sehnt.

Jeder Tag ist neu und anders. Jeder Tag hat seine eigene Qualität, seinen eigenen Klang, seinen eigenen Geschmack.
Jeder Tag ist auf seine Weise schön.
Wenn du erst einmal erkannt und erlebt hast, dass du nicht gegen Unangenehmes ankämpfen musst, dann kannst du dich dem Öffnen, was ein Tag, eine Minute oder eine Sekunde dir zu schenken hat.
Wenn du gelassen sein kannst, egal was jetzt gerade ist, sei es nun angenehm, schön oder unangenehm, du wirst trotzdem eine tiefe Zufriedenheit in dir spüren können.
Tief in dir weißt du, dass alles gut ist, wie es gerade ist.
Du weißt, dass es nichts zu tun gibt, als diesen Moment zu nehmen, wie er sich dir gerade präsentiert.
Der Moment ist dein Geschenk, in dem sich gerade etwas zeigt, das genau so nie wieder da sein wird.

Unterschiedliche Entwicklung bei Partnern

Dieses Thema scheint sehr wichtig für euch zu sein. Nicht selten haben einige von euch schon richtig viel Arbeit erledigt. Ihr habt schon viel erkannt und losgelassen. Doch stellt ihr möglicherweise fest, dass es den Anschein hat, als hätte euer Partner nicht viel gemacht. Vielleicht fühlt ihr euch, als wärt ihr allein zuständig für eure Beziehung. Womöglich fühlt ihr euch schon richtig müde und abgekämpft.

Ich werde in diesem Kapitel ein paar der Zusammenhänge, die wir schon besprochen haben noch einmal wiederholen. Zum einen, weil die Grundgesetzmäßigkeiten natürlich auch für diesen Fall zutreffen, zum anderen, weil es wichtig ist, dass ihr die Informationen auf unterschiedliche Bereiche übertragen könnt.

Es geschieht nicht gerade selten, dass ein Partner schon mehr für sich selber erkennen konnte als der andere. Oft ist es so, dass ein Partner schon ein Stück des Weges hinter sich gebracht hat. Der andere scheint hinterher zu hinken. Die Gründe hierfür mögen unterschiedlich sein.
Es kann sein, dass du zum Beispiel denkst, dein Partner flüchte vor seinen Gefühlen, er wäre schwach oder vielleicht nicht interessiert.
Doch wenn du bereits in dir erkannt hast, dass du Liebe bist und nicht dein Partner dafür verantwortlich ist, wie es dir geht, dann spielt es keine Rolle mehr, was dein Partner denkt, oder an welchem Punkt er sich gerade befindet.
Wenn du es noch nicht so ganz nachvollziehen kannst und immer noch meinst, dass dein Partner nun endlich ebenfalls begreifen oder tun soll, was du schon erkannt

hast, dann dient dir das einmal mehr für dich selbst zu erkennen.

Du hast einen Anteil in dir, der noch denkt, dass du durch das Verhalten deines Partners beeinträchtigt oder sogar bestimmt wirst. In Wahrheit ist das nicht so, du fühlst das aber so.

Vielleicht meinst du auch, du würdest nun endlich verdienen, deine Vorstellung von Glück zu erleben. Aber auch hier setzt du Glück damit in Zusammenhang, wie dein Partner sich verhält. Auch das Glück ist bereits in dir, genauso wie die Liebe. Nichts kann dir von außen zugeführt werden, damit du dich innerlich glücklicher, reicher oder geliebter fühlen könnest, denn wenn du es im Außen suchst, dann weist das darauf hin, dass es dir in dir selbst fehlt. Sobald du wieder im Außen etwas finden musst, weil du meinst, damit glücklicher zu sein zeigt sich der Mangel, den du in dir selbst hast. Dein innerer Mangel wird aber nie aufgehoben durch das, was dir von Außen geschenkt wird.

Das wäre einmal mehr der Weg in eine Abhängigkeit zu eurem Partner. Erneut seid ihr nur darauf aus, zu bekommen anstatt einfach nur zu sein.

Ich empfehle euch aber unbedingt immer wieder: Nehmt eure Gefühle ernst, egal ob es nun um Mangel geht, ob ihr das Gefühl habt euch würde etwas im Leben versagt werden oder wie sie auch immer sie aussehen mögen.

Sie sind ein Hinweis darauf, was in euch noch angesehen und in Heilung kommen will. Ihr habt eure Gefühle nicht umsonst, sondern ihr braucht sie für eure Heilung. Sind sie geheilt, dann tauchen sie in dieser Form auch nicht wieder auf.

Richtet euer Verhalten nicht grundsätzlich darauf aus, damit sich euer Partner im Gegenzug entsprechend verhält. Überlegt euch nicht, was ihr dafür tun könnt, damit der andere sich verändert.

Du kannst die Liebe in anderen Menschen nicht erkennen, solange du noch denkst zu wissen, wie sich Liebe zeigen muss und was angeblich keine Liebe ist.

Es ist keine Liebe darin, wenn ein anderer dir zuliebe sein Verhalten deinen Wünschen anpassen muss. Doch genau das wird mit Liebe verwechselt. Ihr meint es wäre dann Liebe, wenn sich jemand so verhält, dass es euch gefällt.

Richtet hingegen eure Aufmerksamkeit auf euch selbst und eure eigenen Gefühle. Nehmt euch ernst. Kommt in Kontakt mit euch und nehmt euch an. Euer Partner ist euer Geschenk der Liebe, euer Geschenk der Heilung, das euch den Weg aus eurer Abhängigkeit zeigen will.

An dieser Stelle möchte ich noch einmal Bezug nehmen auf etwas, das wir schon besprochen haben. Es mag dir sonst womöglich wie ein scheinbarer Widerspruch vorkommen:

Ich habe erwähnt, dass ihr mehr ausprobieren sollt, darin, wie ihr miteinander umgeht. Nun, ich habe damit nicht gemeint, dass ihr eine neue Taktik entwickeln sollt, wie ihr euren Partner zu einem anderen Verhalten bewegen könnt.

Ich empfehle dir hingegen, dein Verhalten zu beobachten. Neigst du zum Beispiel dazu, sofort deine Wut und deinen Ärger nach außen zu transportieren - also zu schimpfen, Streit zu suchen, zu schreien, zu toben und dergleichen - dann ist es ratsam, dich zunächst darin zu üben, dich zurückzunehmen. Wende deinen Blick nach innen, beobachte was in dir geschieht.

Wenn du eher introvertiert bist und lieber erst alles einmal beobachtest und sowieso schon hinterfragst, dann trau dich mehr nach außen zu gehen. Ich habe bereits erwähnt:

Wenn dein bisheriges Verhalten dich nicht dazu geführt hat, dass es dir in deiner Beziehung besser geht, dann ist es wichtig, erst einmal dein eigenes Verhalten zu beobachten.

Achte und beobachte deine Gefühle, sieh und fühle in dich hinein.

Du erkennst, dass dir etwas gefällt oder nicht gefällt und du stellst fest, dass in dir wohl etwas spricht, das noch nicht begriffen hat, dass du Liebe bist. Diese Liebe musst du nicht im Außen suchen. Du kannst sie nur in dir selber freilegen und wahrnehmen.

Wichtig ist dabei weniger, wie dein Partner sich nun tatsächlich verhält, sondern das was in dir hochkommt. Was ist es, was du bisher vermieden hast?

Wenn du eng mit dir selber verbunden bist und für dich einfach angesehen und somit angenommen hast, was diese betreffende Situation anbelangt, dann ändert sich einiges ganz automatisch.

Wenn sich all der alte Schmerz aus deinem Zellgefüge tatsächlich endgültig verabschieden konnte, dann bist du frei, leicht und ganz automatisch mit dem fließenden Sein verbunden.

Dort stellst du dir keine Fragen darüber, was richtig oder falsch ist, denn an diesem Punkt weißt du es einfach. Du bist unbekümmerter und unbeschwerter. Deinen Partner beeinflusst das ganz automatisch mit. Unbekümmertheit und Leichtigkeit tun jeder Beziehung gut!

Ein gutes Stück an Stresspotenzial ist nun verschwunden. Eure Liebe ist wieder viel näher daran, wirklich reine Liebe zu sein und euch zu bereichern.

Manch einer von euch hatte bereits das Glück, einen solchen Zustand der Unbeschwertheit und Leichtigkeit für einige Momente zu erleben.

Doch wie ich schon erwähnte, sind noch viel zu viele der alten Strukturen in euch und eurem Zellgefüge gespeichert. Solange ihr nicht befreit seid, von diesen Schemen, Ideen, Manipulationen und Verwechslungen was die Liebe betrifft, solange könnt ihr nicht dauerhaft in diesem befreiten, losgelösten Zustand verweilen.

Um auf eure Partner zurückzukommen, auch wenn ihr euch schon sehr intensiv mit euch beschäftigt habt, auch wenn ihr alles getan habt, was andere in euren Augen versäumt haben, so seid ihr jetzt trotzdem noch nicht dort angelangt, wo ihr wahrhaft begriffen habt, dass ihr selber die Liebe seid, die ihr sucht.

Denkt daher nicht, ihr wüsstet selbst schon alles und es wären nur die anderen, die etwas nachzuholen hätten. Das ist nicht der Fall.

Ihr seid alle auf dem Weg. Jeder einzelne von euch ist immer noch dabei, zu lernen. Es wäre schön, wenn ihr das begreifen könntet.

Schmerzlich ist vieles für euch. Es ist sehr unangenehm zu erkennen, dass die Liebe nur über diesen Schmerz in eure Wahrnehmung finden wird.

Was ihr gerne möchtet sind möglichst angenehme, schöne Gefühle. Natürlich ist es eine wunderschöne Vorstellung, wenn jetzt alle in Harmonie sein könnten. Es wäre schön, wenn jeder nur noch Gutes täte und gleichzeitig jedem anderen seinen Raum lassen würde.

Doch seid ihr dazu jetzt noch nicht in der Lage.

Ihr seid euch eurem Selbst nicht vollständig gewahr, daher ist diese Wunschvorstellung jetzt einfach nicht realisierbar.

Es gibt keine andere Möglichkeit, um euch dorthin zu führen, als über die scheinbaren Disharmonien, Streitereien und Machtkämpfe.

Sie sind schon seit sehr langer Zeit Bestandteil eures menschlichen Lebens.

Der Unterschied zur heutigen Zeit ist, dass es sich nun offen zeigt.

Ja, es ist euch sehr unangenehm.

Manch einer würde gern die Zeit zurückdrehen, dorthin zurück, wo er glaubt, das alles gab es damals nicht. Doch war es da. Es schwelte ungesehen im Untergrund und richtete viel Unheil an.

Viel Zerstörung geschah völlig ungesehen, unerkannt - auch in deiner einst glücklichen Beziehung. Zerstörerische Dinge geschahen dort unbemerkt.

Heute kannst du sie erkennen und sehen. Auch wenn es euch nicht gefällt, auch wenn ihr es anders haben wollt.

All das Unglück, das euer Herz schwer macht und euch schmerzt, es wird euch am Ende befreien. Der Schmerz wird euch verlassen. Er ist schon dabei, denn er offenbart sich schon.

Die gute Nachricht ist, alles was zu erkennen und zu erfühlen ist, das ist bereits in Auflösung begriffen.

Es gibt nichts weiter zu tun, als gelassener zu werden und hinzusehen. Der Rest geschieht ohne euer Zutun.

Ihr Menschen seid recht einfach manipulierbar. Euer Wunsch nach Ganzheit und angenehmen Gefühlen ist sehr groß. Noch viel größer aber ist euer Streben, allem Unangenehmen auszuweichen.

Das ist der Punkt, wo ihr von euren Ängsten in Gefangenschaft genommen wurdet und es bis heute oft nicht bemerkt. So stark ist das mit eurem momentanen Erleben verwoben. Es ist für euch wirklich schwer einzusehen und anzunehmen, dass das was euch nicht gefällt genau das ist, was euch Heil werden lässt.

Ein anderer Aspekt, in Zusammenhang mit Erwartungen an eure Partner, muss ebenfalls noch einmal betrachtet werden. Ich nehme erneut Bezug auf eure Vorstellung von Ursache und Wirkung. Wir haben bereits darüber gesprochen, dass ihr Verknüpfungen hergestellt habt zwischen Gefühlen, Aktionen und Reaktionen.

Hier entstand bereits bei einigen von euch eine neue Verknüpfung.

Dabei bringt ihr erneut euer Verhalten in Zusammenhang mit einer erhofften Reaktion eures Partners.

Euer Verhalten ist wahrscheinlich bereits anders - ihr seid schon dabei, einiges zu entschlüsseln was euch bisher verborgen war.

Vielleicht glaubt ihr aber, wenn ihr nun das alles brav hinter euch gebracht habt, dann wird eure Traumbeziehung als Belohnung auf euch warten.

Was hier aber passiert ist wieder eine Entkopplung von deinem wahren Sein, in dem schon alles vorhanden ist was du brauchst.

Ich will nicht behaupten, dass dein geändertes, bewussteres Verhalten keine Auswirkungen auf deine Beziehung hätte.

Das hat es in jedem Fall!

Doch deine Ausrichtung auf das gewünschte Ergebnis ist, was dich jetzt erneut behindert.

Noch immer hast du bestimmte Erwartungen. Dein Verhalten mag sich verändert haben, doch glaubst du noch immer an ein Prinzip von Ursache und Wirkung, das sich einfach nur verlagert hat. Dieser, dein innerer Glaube, macht dich schon wieder unfrei und setzt dich insgeheim unter Druck.

Womöglich ertappst du dich bei Gedanken wie: „Was habe ich nun schon wieder nicht beachtet oder falsch gemacht?"

An diesem Punkt hast du deine eigene Entwicklung womöglich so stark vorangetrieben, weil du auf ein Ergebnis im Außen hoffst. Ungünstig dabei ist, dass es erneut Druck erzeugt. Druck ist nicht Liebe, denn Druck macht nicht frei sondern bindet.

So viele von euch denken, dass sie Fehler gemacht hätten. Sie korrigieren, arbeiten und tun, um künftig Dinge zu vermeiden, die euch nicht gefallen. Doch so einfach funktioniert das nicht!

Es ist eure Vorstellung von Beziehungen, die euch unglücklich macht. Unglücklich daher, weil ihr so fokussiert darauf seid, etwas Bestimmtes zu erleben, zu bekommen und gleichzeitig etwas Anderes zu vermeiden.

Es macht euch blind. Ihr glaubt daran, dass wenn ihr nur alles richtig machen würdet, ihr auch alles bekommen könnt, was ihr euch wünscht.

In Wahrheit ist alles so viel einfacher, viel unkomplizierter:

Erkennen ist alles worum es geht.

Es schenkt euch Gelassenheit und inneren Frieden, denn euer Kampf gegen das, was ihr erlebt, hört auf.

Früher oder später, ob ihr das wollt oder nicht, müsst ihr durch eine Phase hindurch gehen, wo diese Enttäuschung sein muss. Sonst werdet ihr nicht heil, nicht gesund.

Es fällt euch schwer, euch vorzustellen, dass ihr nichts mehr erzeugen oder herbeiführen müsst. Ihr seid es so gewohnt. Ihr glaubt nichts würde sonst passieren. Doch das stimmt nicht!

Alles kommt wann es eben kommt und das lässt sich nicht durch euer Wollen beeinflussen.

Ich meine damit nicht, dass du prinzipiell nie mehr etwas tun sollst.

Es gibt Momente, in denen wirst du tief in dir das Gefühl haben, dass du jetzt genau diese eine Sache tun musst. Dann tu das auch, es soll so sein!

Jedoch hat es keinen Sinn, etwas künstlich herbeizuziehen, abgekoppelt von deinem Herzenswissen und deinem

inneren Gespür. Jede Form von Druck führt zu einer Ab-
koppelung von deinem Herzenswissen.

Du darfst damit aufhören, dich selbst unter Druck zu setzen. Du bist wunderbar geführt. Du wirst all die Dinge
genau dann tun, wenn es an der Zeit ist.

Du wirst von manchen Dingen einfach genug haben und
nicht mehr so weiter machen können. Du wirst Dinge
plötzlich begriffen haben, die alles verändern. Du kannst
deinen Lebensplan nicht verpassen, das ist unmöglich.

Vertrauen in das Leben selbst ist was euch fehlt. Lange
Zeit habt ihr eine scheinbar stabile Ordnung um euch
gesehen und auch daran mitgearbeitet, sie in Form zu
behalten.

Ihr habt dabei beinahe vollständig die Erinnerung daran
vergessen, dass tief in euch, euer göttlicher Funke noch
immer lebendig ist. Dieser göttliche Funke kann nie ver-
nichtet werden, ihr könnt nur einfach vergessen, dass er
da ist.

Dieses Vergessen macht euch unsicher, erzeugt Ängste.
Ihr fühlt euch oft allein. Doch nun möchtet ihr euch wieder an euren göttlichen Funken erinnern. Dies ist meist
nichts, was euer menschlicher Wille möchte. Aber eure
Seele will genau das und sie ist stärker als jeder menschliche Wunsch.

Eure Seele möchte, dass ihr euch in eurem Menschsein
dem annähert, was es bedeutet, Liebe zu sein und Liebe
zu leben.

Rückwirkend betrachtet hast du genau das gemacht, was
zu genau jenem Zeitpunkt passend für dich war. Zu dir
kam was du erleben solltest.

Du kannst weder Abkürzungen nehmen, noch kannst du
dich tatsächlich verirren.

Der Weg, den du gehst, ist dein göttlicher Weg. Du bist
ihn bisher gegangen und wirst ihn weiterhin gehen.

Der große Unterschied, der es euch nun gerade so schwer macht ist, dass ihr das Gefühl der Kontrolle verlieren müsst.

Das Leben tatsächlich war nie anders, als es jetzt auch ist. Es folgte schon immer seinen eigenen Regeln. Auch, als noch fast alle von der jetzt vergehenden Ordnung überzeugt waren, hat das Leben immer aufgezeigt, dass es seinen eigenen Gesetzen folgt.

Euer physischer Tod konnte nie beherrscht werden, weder euer eigener noch der eurer Lieben.

Die Liebe selbst hat sich genauso nie kontrollieren lassen. Ihr wisst das genau. Viele haben gemeint, sie könnten sie messen, um sie zu verstehen. Manche haben gedacht, sie auf eine chemische Reaktion in euren Körpern reduzieren zu können. Doch keiner, der dort nach einer Lösung gesucht hat, hat die Liebe jemals verstanden. Sie ist und bleibt unbändig, unbezwingbar. Tief in euch wisst ihr das auch.

Diese für euch als unberechenbar erscheinenden Ausdrücke des Lebens haben euch immer wieder Angst gemacht. Ihr habt Angst davor, was das Leben euch bringt. Ihr habt Angst vor der Unberechenbarkeit der Liebe. Ihr habt Angst, dass eure Pläne vielleicht nicht aufgehen könnten.

Da nun so vieles zerbricht, was ihr für eine Ordnung gehalten habt, kommen all diese Ängste in euch hoch. Das alles geschieht ungefragt. Der Liebe ist es egal, ob du ihr dein Einverständnis gibst so zu sein wie sie ist oder nicht. Es ist ihr egal, ob du ihr zuhören willst oder nicht. Am Ende wird sie eure Heilung sein.

Ihr könnt und werdet erfahren, dass das Leben keine Kontrolle braucht - dass all die Anstrengungen, die ihr dafür aufwendet nicht nötig sind. Wenn ihr nicht mehr darauf ausgerichtet seid, zu kontrollieren oder bestimmte Ergebnisse zu erzielen, könnt ihr nicht enttäuscht darüber sein, wenn etwas Anderes heraus kommt, als ihr es geplant habt.

Eure größten Schmerzen rühren daher, dass ihr nicht die Ergebnisse erzielt, die ihr erzielen wolltet.

Ihr habt eine Aktion gesetzt in der Hoffnung, eine bestimmte Reaktion zu erzeugen. Doch ist das Ergebnis nicht eingetreten.

In solchen Momenten seid ihr blind, blind für die Liebe und das Leben selbst. Die Liebe möchte einfach nur frei, wild und unberechenbar fließen.

Das ganze Leben ist eine Ansammlung aus wunderbaren Zusammenhängen. Die Schöpfung ist wunderbar und alles ist an seinem Platz in genau der richtigen Art und Weise.

Ich weiß, dass viele sich eine Liebesbeziehung so sehr wünschen, weil sie sich der Härte des Lebens nicht gewachsen fühlen. Sie wünschen sich einen sicheren Ort des Rückzugs, fernab von all den schlimmen Dingen, die ihr zu sehen bekommt und die euch verständlicherweise nicht gefallen. Natürlich verstehe ich eure Wut und euer Unverständnis darüber, wieso alles so ist wie es ist. Ihr flüchtet lieber davor, als es ansehen zu müssen.

Viele von euch suchen keine Liebe oder Liebesbeziehung. Viele suchen in Wahrheit einen Zufluchtsort vor dem, was um sie geschieht.

Wenn du besser verstehen kannst, wieso euer „geordnetes" Leben nun in ein gefühltes Chaos zu stürzen droht, dann löst sich etwas von dem Druck, der auf deiner Beziehung lastet.

Sie wird befreit davor, Zufluchtsort zu sein und bleiben zu müssen - befreit von euren gedanklichen Schemen.

Je mehr ihr daran hängt und darauf besteht, dass eure Konzepte erfüllt werden, umso mehr muss die Liebe euch zeigen, dass sie dort gar nicht hineinpasst.

Sie ist viel zu groß, viel zu wild und frei, als dass sie sich jemals diesen Konzepten unterwerfen könnte.

Doch das erzeugt erst den Schmerz in euch. Euer Schmerz kommt daher, weil ihr etwas Anderes erwartet habt, als das was ihr nun bekommt.

Ihr müsst euch wirklich stets vor Augen halten – ich erwähne es auch daher immer wieder - dass das was ihr erlebt, nicht das Produkt eines Fehlers ist.

Je mehr du zu nehmen lernst was kommt und einfach nur hinschauen kannst, ohne es zu bewerten und einen bestimmten Stempel darauf zu drücken, umso eher erkennst du, was das Leben dir tatsächlich zeigen will und dir schenken möchte.

An diesem Punkt dürft ihr wieder werden wie die Kinder. Sie entdecken die Welt ohne ein Konzept darüber im Kopf zu haben, wie sie denn nun sein soll. Sie entdecken staunend was da alles ist. So erleben sie einen Moment nach dem anderen. Sie sind sozusagen Momente-Sammler.

Kinder bewerten nichts, sondern entdecken, fröhlich, interessiert und neugierig was auf sie zukommt.

Selbstliebe

Damit ich mit dir über Selbstliebe sprechen kann, müssen wir zunächst besprechen, was ich darunter verstehe.
Ihr Menschen habt auch hier sehr viele und sehr unterschiedliche Vorstellungen darüber, was Selbstliebe bedeutet.
Selbstliebe, so wie ich sie verstehe, meint nichts Anderes, als alles zu respektieren, anzunehmen und ernst zu nehmen, was sich in dir regt.
Sie bedeutet zum Beispiel, dass du ganz selbstverständlich beachtest und respektierst, wie du dich gerade fühlst.
Du nimmst wahr, wenn du müde bist und nimmst darauf Rücksicht. Du bemerkst, wenn du wütend wirst und anstatt das hinunterzuschlucken und so zu tun als wäre nichts, verlässt du beispielsweise den Raum, gehst an die frische Luft.
Selbstachtung ist ein treffendes Wort, mit Hilfe dessen ihr ein klareres Bild darüber bekommt, was ich unter Selbstliebe verstehe.

Sie beutet auch, dass du derjenige bist, der die größte Verantwortung für dich selbst trägt. Sie erfordert, dass du dir selbst gegenüber ehrlich bist und dich nicht übergehst.
Sie meint, dass du nicht gegen deine Gefühle, gegen dein Herz und gegen das, was sich tief in dir richtig anfühlt handelst, es abtust oder klein machst.
Selbstliebe bedeutet, zu jedem Zeitpunkt dir selbst treu zu sein.

All diese Forderungen setzen voraus, dass du dich kennst.
Du musst wissen, was du brauchst und was dir gut tut.
Weil du das aber erst nach und nach entdecken kannst, ist es ein Weg, der dich zu deiner Selbstliebe führt. Du

kannst nicht einfach beschließen, jetzt sofort immer Liebe zu leben und damit wäre de Sache erledigt.

Du kannst hingegen beschließen, dich auf diesen Weg zu begeben. Du musst dich bereit erklären, ihm zu folgen. Dabei entdeckst du nach und nach was Selbstliebe wahrhaft bedeutet. Niemand kann sie dir erklären. Du musst sie in dir fühlen. So wie die Liebe selbst nur erlebt, aber schwer beschrieben werden kann.

Gleichzeitig bedeutet Selbstliebe auch, dass du unterscheiden lernst und es immer wieder tust. Du veränderst dich. Du bleibst nicht, so wie du jetzt bist.

Auch das musst du respektieren und achten.

Was für dich gestern noch völlig in Ordnung war, passt heute möglicherweise gar nicht mehr zu dir.

Du bist verantwortlich dafür, dass du dich selbst verstehst und dich respektierst. Du allein hast die Aufgabe herauszufinden, was du tun kannst, damit es dir gut geht und du dich kräftig und voller Leben fühlen kannst.

Es gehört ebenfalls dazu, dass du entdeckst, wo du dich selbst klein machst oder innerlich quälst.

Auf diesem Wege helfen dir alle deine Beziehungen, insbesondere deine Liebesbeziehung, ganz enorm.

Viele Menschen nennen es egoistisch, wenn du dich deinen eigenen Gefühlen widmest.

Um darüber Klarheit zu gewinnen stelle dir einfach folgende Situation vor:

Du bist nicht in Kontakt mit deinen Gefühlen. Du bist dir deiner eigenen Empfindungen also nicht bewusst. Nun gehst du mit jemandem eine Beziehung ein und sagst, du würdest deinen Partner lieben, weil du vielleicht denkst er würde das gerne hören, oder weil du denkst, dass es wohl Liebe sein muss. Was meinst du dann wirklich damit, wenn du „Ich liebe dich" sagst?

Es wäre wahrscheinlich gar nicht die Wahrheit, vielleicht doch?

Wer sollte es wissen, wenn du es selbst nicht einmal weißt?

Wer soll dir glauben und dich für einen klaren, authentischen Menschen halten, auf dessen Wort man sich verlassen kann, wenn du dich selbst nicht kennst?

Wenn du nicht in Kontakt mit dir selber bist, dich achtest und respektierst und weißt wie es dir wirklich geht, dann kannst du mit keinem anderen Menschen ehrlich und authentisch umgehen.

Du bist einzig in deine Vorstellungen darüber verstrickt, was du denkst was Liebe sein könnte.

Ich habe vorhin bewusst folgende Worte benutzt:

Du *denkst*, dein Partner würde das gerne hören. Du *denkst* es wäre Liebe.

Doch Liebe kann man sich nicht *erdenken*. Sie ist, weil ihr sie wahrhaft spürt und dann gibt es keinen Zweifel für euch. Oder sie fehlt und ihr wollt sie euch herbei denken, weil vielleicht gerade die Rahmenbedingungen so gut passen würden.

Ihr könnt über Liebe nachdenken so viel ihr wollt, ihr kommt nicht zum Ziel. Liebe entzieht sich eurem Denken. Sie kommt und ist wie sie ist. Sie findet in euren Herzen statt und schert sich nicht darum, was ihr über sie denkt. Sie nimmt Besitz von euch, bleibt unbezwingbar und wild. Nicht selten bekommt ihr genau deswegen Angst vor ihr.

Es ist Wahrhaftigkeit und Ehrlichkeit, deine Gefühle wahrzunehmen und ihnen auch ihren Platz einzuräumen und zu respektieren.

Egoismus ist etwas Anderes.

Egoismus ist alles, was zum eigenen Vorteil andere manipulieren will. Das muss keine bewusste, absichtliche Handlung sein - über unbewusste Manipulationen haben wir bereits gesprochen.

Tatsächlich ist sogar derjenige, der mit seinen Gefühlen in keinem ehrlichen Kontakt steht, sehr viel gefährdeter unbewusst egoistisch zu handeln, als derjenige, der sich selbst und seine Gefühle kennt.

Jemand, der seine Gefühle nicht haben möchte und leugnet weiß auch nicht, wieso er handelt wie er es tut. Ein Gefühl verwandelt sich so in eine Emotion. Eine Emotion zeigt auf, wo ihr euch getrieben fühlt, wo ihr etwas tut, weil ihr nicht anders könnt. Emotionen entstehen aus nicht durchschauten Verstrickungen, aus vermischten Gefühlen und erhofften Reaktionen. Emotionen, entstanden durch konditionierte Verhaltensmuster lassen sich, solange sie nicht durchschaut werden, wunderbar für jede Form der Manipulation verwenden. In vielen Bereichen euers Lebens sollen sogar bewusst Emotionen in euch erzeugt werden, um euch dazu zu bewegen etwas Bestimmtes zu tun oder bleiben zu lassen.

Dahinter - viel tiefer - liegen aber eure wahren Gefühle. Eure Gefühle bestimmen euer Verhalten enorm, ob ihr euch nun dessen bewusst seid oder nicht.

Jemand, der sich selbst und was er fühlt weder kennt noch ernst nimmt, der handelt eher egoistisch. So jemand ist unfrei und muss sich die Welt und seine Mitmenschen nach seinen Vorstellungen zurechtbiegen. Er kann nicht achten was da wirklich ist. Wer sich selbst und seine Gefühle nicht ernst nimmt, der hat ganz große Probleme mit sich selbst und neigt dazu, sie auf andere abzuladen. Er erhofft sich Erlösung durch andere, weil er es selbst nicht tut.

Die Zwickmühle ist, dass kein anderer diese Probleme lösen kann. Ihr könnt diese Hingabe und den Respekt für keinen anderen übernehmen. Diese Verantwortung kann auf keinen anderen übertragen werden.

Ebenso wenig könnt ihr für einen anderen Menschen essen, trinken, schlafen oder zur Toilette gehen. Es ist einfach nicht möglich.

Es ist allein deine Aufgabe, dich selbst zu achten und ernst zu nehmen und so immer authentischer zu werden. Es ist hingegen nicht deine Aufgabe, nach den Vorstellungen und Wünschen aller anderen zu funktionieren.
Es heilt weder sie noch dich und ist niemals ehrlich. Wie soll es eine schöne Liebesbeziehung für dich geben, wenn du gar nicht ehrlich mit dir selbst sein kannst?
Daher ist es für euch enorm wichtig, euch in Selbstliebe zu üben. Findet heraus wie ihr selber tickt. Lernt euch kennen.
Viele von euch wissen wenig darüber, was in ihren Herzen tatsächlich vor sich geht.

Freilich kannst du das erst erkennen, wenn für dich der Zeitpunkt gekommen ist.
Ist der Zeitpunkt da, wirst du immer wieder getestet werden, inwieweit du nun zu dir selbst stehen kannst, oder ob du dich weiterhin manipulieren und in Vorstellungskonzepte zwängen lässt.
Wie ich schon sagte, es ist ein Weg auf den du dich begibst. Dieser Weg ist gewiss nicht nach wenigen Wochen schon zu Ende. Er wird dich dein ganzes Leben lang vor immer wieder neue Herausforderungen stellen.

Diese Selbstliebe, die ich eigentlich lieber als Selbstrespekt und Selbstachtung bezeichnen würde, ist der Schlüssel für eine neue Art von Umgang miteinander.
Hinzu kommt, dass jeder Mensch mit seinen Mitmenschen im Grunde genommen in ähnlicher Art und Weise umgeht, wie er es innerlich mit sich selbst tut. Jemand, der liebevoll mit sich selbst umgehen kann, der tut sich leicht damit, auch zu anderen liebevoll zu sein.

Jemand, der sich selbst respektiert, hat keine Probleme damit, mit anderen respektvoll umzugehen.

Selbstrespekt und Selbstachtung wollen ständig trainiert sein. Es braucht viel Übung und Zeit bis ihr so weit seid, dass es euch immer automatisch gelingt.
In manchen Situationen könnt ihr das schon wunderbar, in manchen Situationen fällt es euch schwer.
Auch Geduld zu haben ist Selbstliebe. Euch zu hetzen und voranzutreiben führt nur dazu, dass ihr dasselbe auch von allen anderen wollt und ärgerlich werdet, wenn jemand trödelt. Doch genau das ist es, was euch dann passiert. Ihr werdet in eurem Leben eingebremst, auf welche Art auch immer.

Erkennt es einfach, das reicht schon.
Das Leben hat dieses unglaubliche Geschenk für euch, dass es euch immer vor Augen führen wird, wenn ihr gegen euch selbst und gegen euer Inneres handelt. Ihr werdet immer erfahren, was ihr erfahren müsst.

Die Macht der Vergebung

Eine unglaublich kraftvolle und unumgängliche Methode, um wieder in Kontakt zu euren Herzen zu kommen ist die Vergebung.
Vergebung bedeutet gewiss nicht, dass du jemandem einfach die Hand schüttelst und sagst, dass du ihm vergibst.
Zu oft ist das nicht wirklich ehrlich. Zu oft ist es nur eine scheinbare und oberflächliche Handlung, die ein schlechtes Gewissen beruhigen soll. Nicht selten dient eine oberflächliche Vergebung nur dazu, dass Harmonie vorgetäuscht werden soll. Weil sie aber keine wahre Tiefe kennt, berührt und heilt sie euch nicht im Herzen.

Alles, was nicht bis tief in euer Herz reicht, könnt ihr auch genauso einfach sein lassen. Es bewirkt nichts Positives.
Vielleicht seid ihr ganz einfach noch nicht so weit, jemandem vergeben zu können. Das kommt vor! Es soll dazu keiner gezwungen werden.
Vergebung braucht dafür eine innere Bereitschaft. Du alleine weißt, wann du bereit bist.
Zuvor ist es aber unsinnig so zu tun als würdest du vergeben. Du täuschst dein Gegenüber sowie dich selbst.
Sehr viel ehrlicher ist es, wenn du dir eingestehen kannst, dass du dich einfach noch zu verletzt fühlst oder wütend bist, um zu vergeben.

Um zu vergeben ist es nicht unbedingt nötig, sich mit der betreffenden Person auszusprechen oder gar eine Lösung zu finden.
Wahre Vergebung findet nicht oder erst später im Außen statt.
Im Äußeren beginnt sie nie!

Wahre Vergebung ist ein Akt der Hingabe und eine tief empfundene Absichtserklärung, die du in erster Linie mit dir und für dich selbst schließt.

Du beschließt in dir und für dich, dass du einer bestimmten Person und vor allem auch dir selbst wirklich wahrhaft vergeben willst. Du erklärst deine Absicht, dich selbst aus diesen Bindungen deiner Vergangenheit zu lösen.

Tust du das, dann tust du das einzig für dich allein.

Tust du es nicht und hältst andere in deiner Schuld fest, bist du jedoch derjenige, der darunter am meisten leidet.

Viele von euch warten immer wieder darauf, dass ein anderer für das bezahlen soll, was er oder sie euch angetan hat. Viele von euch warten auf eine Art Wiedergutmachung.

Wie lange wartet ihr darauf schon?

Vielleicht wartest du auch darauf, dass dir das Leben endlich das gibt, was es dir deiner Meinung nach vorenthalten hat?

Die Wiedergutmachung, nach der ihr innerlich verlangt rührt einzig und allein daher, da ihr den Sinn eures Seins nicht begriffen habt.

Tut euch jemand etwas an, so ist das immer ein Hinweis, etwas für euch zu erkennen.

Ihr sollt etwas erfahren, das ihr entweder noch nicht kanntet, oder es gibt euch einen Hinweis auf tiefe Wunden an die ihr euch nicht mehr erinnert. Wir haben bereits eingehend darüber gesprochen, dass euch die Liebe auf all das aufmerksam machen muss. Eure Seelen verlangen nach Heilung!

Jemand der euch „etwas antut" oder „für etwas die Schuld trägt" ist ein Bote, der euch auf diesem schmerzhaften Weg zeigen muss, was in euch selber unerlöst ist.

Versagt ihr diesem Boten eure Vergebung, so versagt ihr euch selbst die Möglichkeit eurer Heilung.

Was euch wie ein Fehler erscheint, ist in Wahrheit keiner. Ich meine nicht, dass du alles hinunterschlucken sollst, nur weil ich gesagt habe, dass es im Grunde keine Fehler gibt.

Wenn dich Worte oder Taten andere verletzten, dann sei wütend, traurig, oder was auch immer du fühlst. Gesteh dir zu, dass dich das verletzt hat. Gesteh dir ein, dass du es gar nicht schön gefunden hast und wie sehr es dich schmerzte.

Es ist wichtig, dass du diesen Unterschied verstehst: Wenn ich also davon spreche, dass es keine Fehler gibt, so bedeutet es nicht, dass du alles Verhalten bejahen und gut finden sollst. Im Gegenteil, unterscheide und nimm dich selber ernst.

Erkenne: „Ja, das gefällt mir!", oder „Nein, das ist überhaupt nicht schön!"

Lass all deine Gefühle zu, denn so heilst du!

Genauso bedeutet es nicht, dass du sofort zurückschlagen musst. Vielleicht aber wirst du es tun.

Vielleicht wirst du mit den Worten zurückschlagen, die dich attackieren wollten. Vielleicht wirst du den Kontakt zu der jeweiligen Person abbrechen wollen, weil du bemerkst, dass du keine Möglichkeit hast, den anderen durch deine Worte zu erreichen.

Auch hier gibt es eine Vielzahl von Möglichkeiten. Du allein musst herausfinden was angemessen für dich und für diese Situation ist.

Dazu gehört auch, dass du wahrnimmst, was sich in dir in der Folge regt. Selten ist eine heftige Auseinandersetzung dadurch erledigt, dass es einmal zu einem Ausbruch kam.

Oft geht euch das noch in irgendeiner Form innerlich nach – es beschäftigt euch. Auch hier ist es wichtig, mit dir in Kontakt zu bleiben.

Wenn du Schuldgefühle entwickelst, dann frage dich, wieso du dir nicht erlauben willst, so zu handeln, wie du es getan hast.

Ihr limitiert euch noch viel zu oft durch eure Vorstellung darüber, wie ihr zu sein habt.

Es ist nicht liebevoll, dich selbst immer wieder einer ähnlichen, unschönen Situation auszusetzen und dich immer wieder schlecht behandeln zu lassen.

Ihr seid keine guten Menschen dadurch, dass andere euren Raum einnehmen und über euch bestimmen dürfen, sei es auch nur für kurze Zeit.

In vielen von euch haben sich Vorstellungen entwickelt, dass es später irgendwann eine ausgleichende Gerechtigkeit gäbe, wenn ihr nur immer alles schön brav hinnehmen würdet. Die anderen, die sich nicht an diese Regeln halten, würden schon irgendwann einmal ihre Strafe bekommen.

Ihr irrt euch!

Dieser Vorstellung liegt eine völlig falsche Annahme dessen, was das Leben ist zugrunde.

Ihr seid Liebe! Ihr seid schön!

Keiner kann euch in eurer Liebe einschränken, wenn ihr das nicht selber zulasst.

Ihr sollt euch erkennen in eurer Stärke und Sanftheit!

Dafür sind diese unangenehmen Ereignisse erdacht worden.

Sie sollen euch dienen. Sie sollen euch auf eurem Weg der Erkenntnis voranbringen. Sie sind Liebe, ein Geschenk der Liebe, damit ihr erkennen könnt!

Es sind bestimmt keine einfachen Dinge, die du nur schwer vergeben kannst.

Wenn du es jetzt sofort nicht kannst, dann ist das nicht schlimm. Beginne damit, deine Absicht zu erklären, dass du eines Tages vergeben können möchtest.

Es ist auch oft nicht nötig, dass du deinem Boten auch mitteilst, dass du ihm vergeben hast.

Es geht in erster Linie darum, dass du selbst verstehst und vergibst.

Genauso wie es dir bislang nicht ganz klar war, weshalb solche Dinge geschehen, sind sich auch viele Boten nicht im Klaren darüber, was sie denn da eigentlich tun.

Am schwierigsten zu vergeben ist immer das, wofür ihr euch selbst innerlich verachtet.

Selbstvergebung ist aber enorm wichtig für euch.

Mit niemandem sonst seid ihr so streng wie mit euch selbst.

Aber auch das bemerkt ihr für gewöhnlich selten.

Eure Selbstkritik ist euch so in Fleisch und Blut übergegangen, dass sie für euch normal geworden ist.

Ihr kritisiert an eurem Aussehen und an eurem Verhalten.

Ihr seid nicht zufrieden mit dem was ihr habt und quält euch deshalb täglich. Ihr seid in ständiger Arbeit, um endlich die erwünschte Veränderung herbeizuführen. Ihr denkt, wenn ihr das geschafft hättet, dann wäre endlich Frieden und Ruhe.

Das ist verkehrt und wird euch nie dorthin bringen, wohin ihr gelangen wollt.

Um endlich in Frieden mit euch selbst zu kommen, müsst ihr damit beginnen euch selbst wirklich alles zu vergeben.

Alles, wovon ihr meint, dass ihr es besser machen müsstet, gibt euch einen Hinweis auf euren inneren Krieg.

Dort fühlt ihr etwas, das ihr einfach nicht aushalten wollt.

Dort seid oder fühlt ihr auf eine bestimmte Art und Weise, aber genau das verachtet ihr. Daher müsst ihr euch ständig korrigieren.

Alle Vorstellungen und Ideen, die ihr in euch tragt und die ihr nicht erfüllen könnt, erfüllen euch mit Unzufriedenheit.

Viel an Vergebungsarbeit hast du ganz automatisch bereits getan, sobald du dich selbst von deinen inneren Schulgefühlen befreit hast.
Vielleicht fragst du dich aber, was du selbst damit zu tun haben sollst, wenn ein anderer etwas Unschönes getan hat? Vielleicht fragst du dich, was du dir dabei denn selber vergeben solltest?
Vielleicht kommen dir diese oder ähnliche Gedanken bekannt vor:

Wieso habe ich dieser Person nur überhaupt zugehört?
Wieso habe ich nicht auf meine innere Stimme gehört, ich wusste doch, dass das nicht gut gehen würde?
Wieso habe ich an dem Tag nicht das gemacht, was ich ursprünglich tun wollte?
Wieso habe ich nicht vorher angerufen?
Wieso musste ich das schon wieder probieren, ich weiß doch schon, dass das immer übel endet?
Wie konnte ich darauf nur (schon wieder) hereinfallen?
Wieso mache ich es denn nie richtig?
Was stimmt mit mir nicht?

Das sind einige Beispiele selbst zerstörerischer Gedanken, die darauf einen Hinweis geben, wie du im Grunde mit dir selbst umgehst. Sie zeigen dir, welch hohe Ansprüche du an dich selbst hast. Sie eröffnen dir, dass du dir keine Fehler gestattest.
Du hast womöglich den Anspruch an dich, bereits immer schon vorher zu wissen, was bei welcher Situation herauszukommen hat.

Du gibst dir immer auch selbst die Schuld an etwas das geschieht, wenn du meinst, du hättest es verhindern können und müssen.

Oft werden auch genau eure Maßstäbe für euch selbst zu einem Gradmesser dafür, ob ihr geliebt werdet.
Man könnte es Ironie nennen, wie ihr euch selbst klein macht und ständig kritisiert und genau dafür eine Bestätigung im Außen einfordert.
Eine Bestätigung dafür, dass eure schädigenden Gedanken und euer Verhalten euch Liebe bringen könnten ist wirklich verdreht.
Es ist verrückt Liebe dort zu suchen, wo ihr euch selbst in Wahrheit nur quält und unter Druck setzt.

Darum wäre es eine gute Idee, wenn du damit beginnen könntest, zuerst einmal dir selbst zu vergeben. Nicht selten löst sich die Wut auf die beteiligten Personen dann ganz von alleine auf.
Wahrhafte, ehrliche Selbstvergebung ist auch wichtig, um mit anderen Menschen in einen freieren und liebevolleren Umgang zu kommen.
Wer sich selbst ständig kritisiert tut das auch bei seinen Mitmenschen. Jemand, der sich selbst vieles nicht erlaubt und ganz engen Vorstellungen unterwirft, der kann es auch schwer ertragen, wenn ein anderer diese Vorstellungen nicht teilt und sich ihnen nicht ebenfalls unterwirft.
In so einem Fall kommen nicht selten hasserfüllte, neidvolle Seiten zum Vorschein, die aber auf den eigenen inneren Kampf hinweisen, der sich immer irgendwann ins Äußere verlagert.
Wer von sich selbst Perfektion verlangt, der wird es auch bei anderen einfordern.

Schenk dir die Befreiung der Vergebung. Dein ganzes Leben wird sich so viel schöner und positiver anfühlen, wenn du dich aus diesem engen Korsett befreien kannst.

Übung zur Vergebung

Nimm dir Zeit und begib dich an einen Ort an dem du ungestört bist.
Schließe deine Augen.
Atme mehrmals tief ein und aus.
Leg die Hand auf dein Herz. Atme in dein Herz und gib ihm Raum, sich ausdehnen.
Lass die Hand auf deinem Herzen.
Öffne die Augen und geh den folgenden Text in deinem eigenen Tempo durch.
Lass dir so viel Zeit wie du brauchst, um die Worte mit Achtsamkeit zu formulieren. Langsames Sprechen ist wirkungsvoller!

„Ich vergebe mir, dass ich ____(beschreibe die Situation um die es sich handelt)____ erlebt habe."
Atme mehrmals tief aus und ein, während du diese Situation noch einmal fühlst.
„Ich nehme nun alle meine Gefühle wahr,
aller Hass, jeder Ärger, jeder Zorn darf nun bei mir sein."
Atme mehrmals tief ein und aus.
„Ich liebe und respektiere mich, so wie ich bin!
Ich darf so sein, wie ich bin!
Ich darf alles fühlen, was sich jetzt in mir zeigen will."
Atme mehrmals tief ein und aus.
„Ich nehme alle Gefühle der Trauer, des Schmerzes wahr.
Ich darf Traurigkeit und Schmerz fühlen."
Atme mehrmals tief ein und aus.
„Ich liebe und respektiere mich, so wie ich bin,
mit all meinen Gefühlen, mit allem was in mir meint, ich wäre minderwertig und klein.
Ich bin Liebe!"
Atme mehrmals tief ein und aus.

Warte ab und spüre in dich hinein was du noch fühlst und dir vergeben möchtest!

Wenn etwas auftaucht, wo du innerliche kein <*Ja!*> zu deiner Vergebung sprechen kannst, so äußere zunächst den Wunsch, dass du es später einmal können möchtest!

Dieser Text soll dir als Hilfestellung dienen. Es ist gut, wenn du ihn um alle Gefühle erweiterst, die in dir hochkommen.

Es kann gut sein, dass bald nach Abschluss dieser Übung weitere Gefühle zum Vorschein kommen. Sei geduldig mit dir!

Der gesamte Versöhnungsprozess mit dir selbst braucht Zeit.

Achte und respektiere alles!

Atme immer wieder tief ein und aus!

Oft hat sich in euer Denken folgender Irrtum eingeschlichen: Wärt ihr gut und liebevoll und so wie ihr eigentlich sein müsstet, dann hättet ihr alles an Liebe, was ihr euch wünscht.

Dass das nicht wahr sein kann, hast du wahrscheinlich schon bemerkt, wenn du aufmerksam meine Worte gelesen hast. Wann immer du eine solche falsche Vorstellung darüber entdeckst, wie du angeblich bist und was du angeblich nicht bist oder kannst, dann atme tief hinein.

Nimm die Gefühle der Minderwertigkeit, die daran geknüpft sind, an.

Vergibt dir alles, alles was du je erlebt hast. Halte dich selber nicht mehr länger gefangen in einem Netz der Schuld und Minderwertigkeit.

Vieles mag für dich aus heutiger Sicht in einer anderen Perspektive erscheinen. Daher würdest du vieles heute so auf keinen Fall mehr tun, wie du es früher einmal getan hast.

Vergib dir dafür, dass du früher anders warst, anders dachtest, andere Prioritäten hattest.

Ihr brauchtet diese frühere Erfahrung. Ihr brauchtet auch das, was ihr einst über euch dachtet und was sich heute als Irrtum herausgestellt hat.

Alles was ihr erlebt habt, was euch widerfahren ist und auch alles was ihr selbst getan habt war immer schon Teil eures Weges, auch wenn ihr heute eine andere Richtung wählt.

Es kann nichts in eurem Leben ungeschehen gemacht werden.

Ihr habt lediglich einen reichen Erfahrungsschatz gesammelt und mistet ihn immer wieder aus. Löst euch von allem, was heute nicht mehr zu euch gehört.

Dafür braucht ihr eure eigene Vergebung!

Vergib dir selbst, damit du deine Vergangenheit, für die du dich verurteilst und innerlich beschimpfst, endlich gehen lassen kannst.

Vergib auch deinem Leben! Versöhne dich mit allem was dir widerfahren ist.

Dualseelen

Bevor wir uns diesem speziellen Thema intensiv widmen, möchte ich dich darauf aufmerksam machen, dass alles, worüber ich bisher gesprochen habe, für alle Liebesbeziehungen zutreffend ist. Es gilt für alle, die sich jener wahren tiefen Liebe annähern möchten. Es spielt keine Rolle, ob du nun mit deinem Seelenpartner oder mit deiner Dualseele eine liebevolle Beziehung führen möchtest. Eine Rolle spielt lediglich deine eigene innere Einstellung der Liebe, sowie dir selbst gegenüber.

Irrtümlicherweise denken viele von euch, dass ihr nur ein spirituelles oder glückliches Leben führen könntet, wenn ihr mit eurer Dualseele in eurem realen Leben vereint wärt. Nicht selten verzweifeln Menschen daran, weil sie nicht glauben, ihre Dualseele in diesem Leben je zu treffen.
Tatsächlich werden bei weitem nicht alle Menschen in diesem Leben mit ihrer Dualseele vereint sein. Sehr viele werden ihr auch in dieser Inkarnation nicht begegnen.
Es sind eure Seelenvereinbarungen, die darüber bestimmen. Sie allein entscheiden darüber, ob ihr einander begegnen und vielleicht sogar miteinander leben werdet, oder nicht.
Ich habe daher auch nicht mit diesem Kapitel begonnen, sondern es aufgespart. Denn jede Liebesbeziehung, die du führst, ist die beste für dich. Sie kann sehr erfüllend sein und wahres Glück für dich bedeuten, wenn du verstanden hast, worüber ich zuvor erzählt habe.
Dein irdisches Glück, das du verdienst und das dir zusteht ist völlig unabhängig davon, ob du nun deiner Dualseele begegnest, oder nicht. Du kannst eine wahre Traumbeziehung mit deinem Partner führen, oder du kannst alleine leben. Das alles entscheidet nicht darüber,

ob du ein erfülltes Leben haben kannst, oder nicht. Der entscheidende Faktor bist ganz allein du selbst. Wie du mit dir und den Menschen um dich herum umgehst ist hingegen entscheidend. Dieser Umgang wiederum liegt ausschließlich in deiner eigenen Hand.

Du kannst auch gar nichts dafür tun, deiner Dualseele zu begegnen. Du kannst es weder herbeiführen, beschleunigen, noch kannst du es verhindern oder versäumen. Das gehört zu den Dingen, die einfach geschehen, oder eben nicht.
Es muss auch nicht zwangsläufig sein, dass es sich bei Dualseelen um potentielle Liebespartner handelt. Manchmal ist der Altersunterschied viel zu groß. Da wir in diesem Buch aber über Liebesbeziehungen sprechen, beschränken wir uns nun also auf die Dualseelenliebe, die auch in einer Partnerschaft gelebt werden will.

Trotzdem gilt alles Besprochene in besonderem Maße für Dualseelenpaare, denn sie stellen in vielerlei Hinsicht eine Besonderheit dar.
Die Dualseelen-Verbindung ist eine außergewöhnliche Liebesbeziehung, die schwer durch Worte erklärt werden kann.
Seit Anbeginn der Zeit haben viele Dichter, Musiker, Maler und Schriftsteller versucht, dieses Phänomen auszudrücken und zu beschreiben.
Ihr habt auch hier ganz spezielle Vorstellungen darüber, doch nur so lange bis ihr sie erlebt habt.

Bist du deiner Dualseele begegnet, erkennst du mit einem Schlag, dass keine Vorstellung darüber auch nur annähernd beschreiben könnte, was hier vor sich geht.
Tatsächlich ist es sehr schwer, euch dieses tiefe Gefühl der Verbundenheit und des Wiedererkennens begreiflich zu machen.

Wenn ihr aber Gedichte oder Geschichten darüber lest oder Lieder darüber hört, dann ist es nicht nötig es kognitiv zu verstehen.

Das genau ist wichtig für euch!

Es ist immer nur der Versuch etwas in Worte zu fassen, das eigentlich viel zu groß ist, um es zu erfassen. So wird der Raum zwischen den Worten mit Seelentiefe und Klängen gefüllt, die euch erinnern.

In vielen Menschen selbst schwingt eine Erinnerung an diese Verbindung mit. Solche Kunstwerke schlagen nun diesen ganz speziellen, eigenen Ton an, die Schwingungsfrequenz, die Zwillingsseelen betrifft.

Da es immer mehr tatsächliche Treffen zwischen Dualseelen gibt, ist das ein wichtiges Thema worüber ich sprechen möchte, auch auf die Gefahr hin, dass daraus Konzepte und Vorstellungen entstehen von all denjenigen, die es selbst noch nicht erfahren haben.

Sie werden es verstehen, sobald sie ihrer eigenen Seele in einem anderen Menschen gegenüber stehen.

Bedeutung und Wichtigkeit von Dualseelen:

Diese besondere Beziehung hilft euch dabei, wieder zu erkennen, dass ihr Liebe seid. Mehr noch, als jede andere Verbindung und Liebe zu einem anderen Menschen, trifft sie euch so unglaublich tief in der Seele wie nichts sonst. Vom ersten Moment an wisst ihr und begreift ihr, dass hier etwas im Gange ist, das sich all den übernommenen Vorstellungen von Liebe oder dem, was ihr über die Welt dachtet komplett entzieht. Ihr erlebt etwas, was so unglaublich groß ist, dass euer Verstand es nicht wirklich begreifen kann. Das genau macht es auch so schwer, darüber zu sprechen.

Es ist nicht nur schwierig es zu beschreiben, es ist auch für all diejenigen, die das erleben unglaublich schwer zu erfassen. Diese Liebe sprengt vom ersten Moment an alles, was ihr euch bisher vorstellen konntet. Viele sind mit einem solch gewaltigen Ereignis einfach überfordert. Dieses Wiedererkennen gleicht beinahe einem schockähnlichen Zustand. Nichts, was ihr in eurem Leben bislang erlebt habt, wäre auch nur annähernd vergleichbar mit diesem Ereignis.

Dieses außergewöhnliche Erleben betrifft beide Partner gleichermaßen. Beide wissen tief in sich sofort, dass hier etwas Magisches im Gange ist. Sie können sich einander auch nicht dauerhaft entziehen, selbst wenn sie es mitunter versuchen. Dieses Empfinden ist immer beidseitig, ansonsten handelt es sich um keine Zwillingsseelen.

Ihr habt eine unglaubliche tiefe Verbindung, dass ihr oft telepatisch kommuniziert. Das braucht ihr nicht durch euren Willen zu steuern, es geschieht einfach. Ihr spürt und wisst, wie es dem anderen gerade geht, auch wenn ihr euch in diesem Augenblick nicht seht.

Es ist unmöglich, dass ihr aneinander vorbeilauft, ohne den anderen zu erkennen.

Euer gesamtes Zellgefüge ist so stark aufeinander abgestimmt, dass ihr sofort, sobald ihr euch auch nur in der Nähe zueinander befindet spürt, dass etwas Einzigartiges vor sich geht. Ihr werdet zusammen geführt, sobald die Zeit dafür reif ist.

Ob ihr es allerdings richtig zuzuordnen wisst, ist eine völlig andere Sache. Niemand muss Angst haben, womöglich an seiner Dualseele vorbeigelaufen zu sein, ohne sie zu erkennen. Keiner muss sich davor fürchten irgendetwas versäumt zu haben, oder womöglich Schuld an einem Versäumnis zu tragen.

Diese Liebe ist einzigartig. Sie wird von vielen Betroffenen als das Schönste doch gleichzeitig das Schrecklichste beschrieben, das ihnen je widerfahren ist.

Das Wunderschöne daran ist, diese unglaubliche Seelentiefe zu erleben. Das Schreckliche aber ist, dass eine solche Liebe nach den herkömmlichen Vorstellungen überhaupt nicht funktioniert. Ist es bei anderen Beziehungen durchaus möglich und gängige Praxis, sich gemeinsam Dingen zu unterwerfen die nicht in der Liebe selbst, sondern in den Konditionierungen der Menschen ihren Ursprung haben, so funktioniert das bei Dualseelenpaaren überhaupt nicht. Im Gegenteil, es erweisen sich all die Schemen und falschen Vorstellungen - die bei manch anderen Liebesbeziehung der Klebstoff ist, der Menschen aneinander bindet - bei Dualseelen letztlich als die trennenden Mechanismen.

Diese besondere Liebesbeziehung ist nur dann zu Leben, wenn all diese Strukturen Stück für Stück aufgearbeitet werden. Die Liebe muss befreit werden von all den Verunreinigungen, die im Laufe der Jahrhunderte angesammelt wurden.

Eine Dualseelenbeziehung ist in Wahrheit die Beziehung eines jeden Partners mit und zu seiner eigenen Seele. Diese Liebesbeziehung hat einzig das Seelenwohl als oberste Priorität.

Da eure gesellschaftlichen Vorstellungen aber sehr wenig über die Seele wissen wollen und deshalb so tun als wäre alles andere wichtiger, kann man sich vorstellen, dass sich Dualseelenpaare mit extremen Herausforderungen konfrontiert sehen. Auch Dualseelenpaare sind mit den üblichen Konditionierungen aufgewachsen und haben sie verinnerlicht. Darüber kann sich keiner einfach hinweg setzen. Es ist harte Arbeit, das alles Stück für Stück frei zu legen.

Das wirft die Frage auf, was Dualseelen eigentlich sind.
Wie kann diese Form der Liebe sich so andersartig gestalten, als die Menschen es sonst gewohnt sind?
Als Dualseele bezeichne ich Menschen, die aus einer einzigen Seele entstanden sind. Sie sind Zwillinge und somit gleich in vielen Dingen. Sie brauchen über vieles nicht zu sprechen, denn jeder weiß schon so viel über den anderen, obwohl beide es, vom Verstand her betrachtet, gar nicht wissen können, da man sich doch eben erst begegnet ist.
Ihr tragt dieses Wissen in euch, dass ihr euch schon lange kennt. Das Fühlen und die Art die Dinge zu sehen ist ähnlich.
Ihr habt eine gemeinsame Schwingungsebene. Diese Erinnerung ist tief in eurem Zellcode abgespeichert. Ihr seid euch im Laufe vieler Inkarnationen immer wieder begegnet. Ihr habt also auch gemeinsame Erinnerungen an Erlebnisse, die euch manchmal völlig unerwartet in den Sinn kommen.
Das ist eine der ersten Hürden, die genommen werden müssen. Ihr müsst begreifen lernen, dass so etwas möglich ist, obwohl ihr wahrscheinlich noch nie wirklich daran geglaubt habt. Doch nun seht ihr, erlebt ihr, dass dies die Wahrheit ist.
Diese Erinnerung an euren Seelenzwilling kann durch nichts in eurem Leben je gelöscht werden. Dieses Wissen hat nichts mit eurem Verstand zu tun. Es entzieht sich allem, was ihr bislang geglaubt habt.
Es ist auch nicht erforderlich, dass ihr vorher schon einmal etwas über Dualseelen gehört habt. Diese Liebe ist einfach, ganz gleich was du je gedacht hast.
Diese Liebe trifft euch so unglaublich tief in eurem Sein, dass ihr erschüttert darüber seid, wie so etwas möglich sein kann. Allein die erste Begegnung ändert euer Leben von einem Moment auf den anderen, denn ab dann ist nichts mehr wie es vorher war. Ihr wisst nun einfach, dass es da mehr gibt, als ihr bisher für möglich gehalten habt.

Das, was da so tief in euch angeschlagen wurde, erinnert euch zeitgleich an all die Dinge, die ihr über euch selbst vergessen habt. An alle schönen, aber auch an alle schlimmen Dinge. Wie ein Scheinwerfer bestrahlt diese Liebe alles. Eure immense Schönheit, die ihr nicht erkennen konntet, aber genauso all die Schattenseiten und dunklen Stellen, die ihr nie sehen wolltet.

Alles das, passiert in Bruchteilen von Sekunden. Kein Wunder, dass ihr zunächst fassungslos, verwirrt, überfordert vielleicht sogar schockiert seid.

Trotzdem sind Dualseelen nicht komplett identisch – wie es auch Zwillinge nie ganz sind. Jeder hat seine eigene Vergangenheit. Manche Erlebnisse oder auch das, wie ihr selbst damit umgegangen seid, sind genau konträr. Ihr seid auch unterschiedlich in eurem Charakter und der Art wie ihr dem Leben und seinen Herausforderungen begegnet.

Dualseelen sind ein Spiegel dieser Welt. Sie haben sehr viel mit dem Leben selbst und seinen so mannigfaltigen Ausprägungen zu tun.

Um diese Aspekte näher zu beleuchten ist es nötig, die menschliche Art der Wahrnehmung näher zu beschreiben: Grundsätzlich erleben alle Menschen das Leben in dualen Ausprägungen und Aspekten. Ihr seht zum Beispiel Helligkeit und Dunkelheit. Beides erscheint euch wie ein Gegensatz. Ihr nehmt den einen Aspekt aber allein deshalb wahr, weil ihr auch sein Gegenteil kennt. Wäre alles immer hell, so würdet ihr es nicht bemerken. Da es aber auch dunkel um euch sein kann, fällt es euch einzig durch diesen Unterschied auf.

Alles was ihr sehen und erleben könnt, hat ein Gegenteil, wie ihr es nennt. Ich nenne es lieber Gegenstück. Ihr wisst wie sich *kalt* anfühlt, weil ihr auch wisst wie sich sein Gegenstück *heiß* anfühlt.

Beides ist aber immer nur ein Stück, ein Teil von etwas Größerem. Dieses größere, unfassbar große Ganze kann mit Gott, Universum oder Alles-Was-Ist betitelt werden - Namen gibt es viele, du kannst das Wort wählen, das dir am besten gefällt.

Der Punkt aber ist, was du als Gegensatz erfährst, ist doch immer nur Teil eines Ganzen.

So gilt dies auch für die Aufspaltung einer Seele in zwei Hälften. Es kommt mitunter sogar vor, dass sich die Seele auch in mehrere Teile aufgespaltet hat.

Ihr seid also Teil, ein Aspekt eines größeren Ganzen und trotzdem auch mit dem anderen Teil auf ewig verbunden.

So kann man Dualseelen auch niemals wirklich trennen, selbst wenn ihre physischen Körper sich nicht am selben Ort befinden. Diese Verbindung lässt sich nicht trennen. Sie bleibt bestehen. Sie überdauert selbst den physischen Tod.

Alle Menschen bleiben immer untrennbar mit dem großen Ganzen verbunden, ganz egal, ob ihr davon etwas mitbekommt oder so tut, als wäre das nicht so. Oft bekommt ihr das aber nicht mit. Es ist vielmehr so, dass ihr euch getrennt wahrnehmen müsst. Doch bei Zwillingsseelenpaaren löst sich diese gefühlte Trennung auf.

Euer menschliches Gefühl der Trennung vom Göttlichen wird hier plötzlich zu einer erlebbaren, erfühlbaren Illusion.

Für euch selbst seid ihr jedoch trotzdem immer komplett. Ihr braucht den anderen nicht in dem Maße, wie ihr das womöglich denkt. Jedoch gleichzeitig seid und bleibt ihr verbunden.

Bekomm bitte keine Angst und glaube, dass du jetzt unbedingt sofort deinen Seelenzwilling finden musst. Wie bereits erwähnt ist das ohnehin nichts, was du willentlich herbeiführen könntest.

Diese Art der Verbindung zeichnet sich unter anderem auch dadurch aus, dass du viele Vorstellungen verlieren wirst. Eine dieser Vorstellungen ist, dass du glaubst, etwas tun zu können oder etwas bewirken zu müssen. Auch sie wirst du aufgeben. Doch darauf werde ich später genauer eingehen.

Phasen der Dualseelenbeziehung

Zunächst gebe ich dir einen groben Überblick über die verschiedenen Phasen, durch die eine Dualseelenbeziehung zur Reife gelangt. Denn eines ist dir inzwischen bestimmt klar, dass diese Beziehung der Entwicklung beider Partner dient. Jede Entwicklung benötigt Zeit und die entsprechenden Herausforderungen. Bitte beachte, dass diese Phasen zwar in dieser Reihenfolge auftauchen, dass dies aber keine Einbahnstraße ist. Ein kurzzeitiges Zurückfallen auf eine tiefere Stufe gehört immer wieder einmal dazu.

1. Anfangsphase/Phase des Wiedererkennens
2. Anpassungsversuche an die üblichen Normen, verbunden mit Trennungsversuchen und Flucht
3. Akzeptieren dieser Liebe und der damit verbundenen Lernaufgaben
4. Wiederannäherung mit größerer Bewusstheit
5. Hingabe

1. Anfangsphase/Phase des Wiedererkennens

Über die Anfangsphase und die große Verwirrung beider Menschen, die sich, obwohl sie sich noch nie zuvor getroffen haben, so unglaublich vertraut sind und wie magisch zueinander hingezogen fühlen, habe ich bereits ein wenig gesprochen.
Neben der Verwirrung und dem Versagen jeder logischen Erklärung kommt hinzu, dass sich Dualseelen anfangs ständig über den Weg laufen, ohne dass es eine bewusste Steuerung von beiden gäbe. Im Gegenteil verblüfft euch das regelrecht.
In diesen Momenten kann sich das so wunderbar anfühlen, denn die göttliche Führung wird für euch tatsächlich

erlebbar. Ihr habt für eine gewisse Zeit lang das Gefühl, dass nichts schief gehen kann und dass ihr es einfach nur geschehen zu lassen braucht. Es ist aufregend, verwirrend und wundervoll.

2. Anpassungsversuche an die üblichen Normen, verbunden mit Trennungsversuchen und Flucht

Später sieht es dann wieder etwas anders aus. So wie ihr zu Anfang wie von Zauberhand zusammengeführt wurdet, so kommt es später immer wieder zu Trennungen, die ebenfalls nicht willentlich steuerbar sind. Zwar kann es gut sein, dass es so aussieht, als würde ein Partner bewusst Abstand suchen, aber selbst wenn das nicht der Fall ist geschieht in euren Leben immer wieder etwas, das euch trennt.

Hier müsst ihr früher oder später einfach erkennen, dass der willentliche Eingriff in das, was geschieht nicht viel bringt wird. Das ist eine der vielen aber wichtigen Lernaufgaben, die eine solche Beziehung mit sich bringt.

Es ist völlig normal in einer Dualseelenbeziehung, dass es nach dieser ereignisreichen, magischen Anfangsphase andere Phasen gibt, die ihr immer wieder über einen längeren Zeitraum getrennt voneinander verbringen werdet. Die Dauer ist unterschiedlich.

Manchmal können Trennungsphasen Wochen oder Monate andauern, manchmal sogar Jahre.

Die äußerlichen Gründe, weshalb sich Dualseelenpartner in der realen Welt trennen, sind unterschiedlich. Eure Welt kennt viele verschiedene Möglichkeiten. Einige Beispiele für räumliche Trennung sind berufliche Gründe, eine andere Beziehung, Verpflichtungen gegenüber anderen Menschen.

Die tieferen Gründen aber – also das, weshalb das Leben diese Trennungsphasen erzeugen muss – sind gleich: Grundsätzlich habt ihr als Menschen auf eurer Erde einige Aufgaben, über die wir in den ersten Kapiteln dieses Buches gesprochen haben. So müsst ihr das, was euch abhanden gekommen ist, wieder finden. Ihr müsst wieder Vertrauen in euer Leben erlangen und ihr wollt erfahren, was ihr wirklich seid: Liebe!
Seiner Dualseele zu begegnen ist einer von vielen möglichen Weckrufen der Seele.

Diese besondere Beziehung gehorcht euren üblichen Vorstellungen von Partnerschaft nicht und das hat seinen tiefen wichtigen Grund.
Ihr seid es bislang gewohnt, die Liebe in euren Partnern zu suchen.
Darum ist es zunächst auch notwenig, dass ihr dieser Liebe auch in euren Partnern begegnet.
Denn da ihr vergessen habt, dass ihr Liebe seid, bringt es nichts, euch einfach nur davon zu erzählen. Wie ich schon erwähnte, müsst ihr es in jeder Zelle eures Seins verstanden haben und nicht nur denken, dass ihr es verstanden hättet.
Euer Seelenzwilling ist nun eben genau nicht der Partner, der euch einfach so glücklich macht, nach euren bisherigen Vorstellungen von Liebe und Glück. Das ist das schwerste für euch, das zu akzeptieren.

Ihr werdet in dieser Phase sehr viel Wut, Trauer und sehr viel Schmerz erleben, weil alle eure falschen Vorstellungen in die Mangel genommen werden. Die Welt eurer Vorstellung von Liebe, prallt nun plötzlich gegen etwas, das sich diesen Vorstellungen komplett entzieht. Mehr noch, es scheint ihnen sogar zu widersprechen.

Ihr habt wahrscheinlich viele dunkle Stunden, in denen ihr alles in Frage stellt. Alles wovon ich in den ersten Kapiteln des Buches gesprochen habe ist für Dualseelen insbesondere wichtig, weil sie diejenigen sind, die ihrer Liebe sonst nicht zu begegnen wissen.

Diese Beziehung funktioniert überhaupt nicht nach den bisherigen Schemen. Das macht euch so unglaublich unsicher und schmerzt euch, dass ihr oft lieber flüchten würdet.

Doch werdet ihr immer wieder erkennen, dass es keine wahre Flucht gibt. Ihr könnt diesen tiefen Seelenschmerz der Trennung nicht ertragen und kehrt irgendwann wieder um. Das geschieht bei beiden Partnern, zumeist abwechselnd.

Immer wieder geschieht etwas in eurem Leben, was euch aufzeigen wird, dass ihr umkehren müsst und das werdet ihr, obwohl ihr es gewiss nicht immer wollt. Der tiefe Schmerz des Erkennens und des Loslassens ist ernüchternd. Es ist wahrlich ein Läuterungsprozess. Ihr werdet wiederholt immer wieder zweifeln, doch nur so werdet ihr frei werden.

Das für euch so Unglaubliche und kaum Vorstellbare ist, dass diese Liebe durch nichts zerstört werden kann. Auch das durchbricht alle gängigen Konzepte, die ihr über die Liebe gesammelt habt. In euren Köpfen meint ihr, die Liebe würde verschwinden, wenn sich nicht beide Partner gewissen Regeln unterwerfen würden. Das genau ist hier nicht der Fall.

Der große Unterschied für diese Form der Liebe ist, dass ihr anstellen könnt was ihr wollt, diese Liebe geht nicht fort. Ihr könnt diesen Menschen nicht einfach so hinter euch lassen, wenn ihr ihm einmal begegnet seid. Ihr werdet es versuchen. Ihr müsst es versuchen, es ist Teil eurer Erfahrung.

Achtet gut auf eure Gedanken und Gefühle in den Trennungsphasen aber auch in den gemeinsamen Phasen. Sie weisen euch auf all das hin, was tief in euch schlummert. Euer Partner oder eher noch diese tiefe Liebe zu eurem Seelenzwilling rührt an euren tiefsten Glaubenmustern und Irrtümern über euch selbst und über die Liebe. Jedes selbst schädigende Minderwertigkeitsdenken, das ihr in euch tragt wird angetriggert werden.

So habt ihr zuvor gelernt, wenn ihr nicht bekommt was ihr gerne hättet, so müsst ihr es euch eben woanders suchen. Das probiert ihr natürlich auch hier.
Du kannst diese Liebe auch eine Zeit lang zu ignorieren versuchen. Du kannst auch mit einem anderen Partner eine Beziehung eingehen. Das kommt ziemlich oft vor.

Von Grund auf geht es in einer solchen Liebesbeziehung um etwas völlig Anderes, als ihr es gewohnt seid.
Diese Liebe zeigt dir das und zwingt dich, dich mit dir selbst auseinander zu setzen und das viel stärker als jede andere Beziehung es je könnte.
Du stehst dir selbst gegenüber. Du kannst deinen Partner nicht verletzen, ohne dir selbst weh zu tun. Du kannst anstellen was du willst, du kommst nicht los von dieser Liebe. Und das ist eine enorme Herausforderung für euch in dieser Zeit.
Diese Liebe verschwindet nicht einfach irgendwann!
Dies wird euer Motor sein, euch auf den Weg zu machen und zu hinterfragen.

3. Akzeptieren dieser Liebe und der damit verbundenen Lernaufgaben

Wenn ihr dann soweit seid zu hinterfragen, dann habt ihr eine schwere Phase hinter euch lassen können.

Ihr habt nun erkannt und begriffen, dass es durch eure tiefe Liebe mehr zu entdecken gibt, als sich einfach nur die Frage zu stellen, ob man nun eine gemeinsame Beziehung führt oder nicht. Ihr beginnt Fragen über das Leben selbst, über eure Liebe und über eure Seele zu stellen. Ihr werdet mit Sinnfragen konfrontiert. Ihr macht euch auf den Weg, Antworten zu suchen und zu finden.

Langsam erkennt ihr, dass der Liebesdienst eures Seelenzwillings darin besteht, euch aufmerksam zu machen, damit ihr wieder in die Lage versetzt werdet, eure eigenen inneren Irrtümer zu erkennen und ziehen zu lassen.

Das sind enorm viele Dinge, die da innerhalb kürzester Zeit in euch hochkommen. So enorm, dass eure Körper zu viel dieser Reflexion auf einmal gar nicht vertragen können.

Daher müssen sich Seelenzwillinge auch in dieser Phase immer wieder trennen. Die Natur hat dafür vorgesorgt, dass ihr nie mehr bekommt, als ihr verkraften könnt.

Die Trennungsphasen werden von Phasen der Wiedervereinigung abgewechselt.

Die schwierigen Phasen, die ihr bereits durchlebt habt, haben euch bereits stärker gemacht. Langsam entwickelt ihr doch ein wenig Vertrauen in eure Liebe. Immerhin ist die Liebe nicht verschwunden.

Auch wenn ich euch darüber erzähle, macht es einen unglaublich großen Unterschied, es auch wirklich durchlebt zu haben.

Gleichzeitig ist auch eine so große Sehnsucht in euch, eine Sehnsucht, die ihr zuvor nicht benennen konntet und die kein Gesicht kannte.

Nun fandet ihr ein Gesicht für eure Sehnsucht.

Doch wonach ihr euch in Wahrheit sehnt, ist eure eigene Liebe, doch sucht ihr sie noch im anderen.

Das Geschenk für dich bei deiner Dualseelenliebe ist, dass du sehr viel schneller vorwärts kommst, und viel schneller erkennst, weil du sofort siehst, was alles nicht funktioniert.

Während manch andere Beziehung über Jahre hinweg bestehen kann, ohne dass sich die Partner eingestehen müssten, dass etwas fehlt, oder, dass einer oder beide nicht glücklich sind, bekommst du das bei der Dualseelenliebe sofort zu spüren.

Diese alten Dinge, alte Glaubensmuter und Vorstellungen darüber, was ihr seid, also das, wovon ihr einfach dachtet, dass es *normal* wäre, wird erschüttert. Ihr erlebt und spürt plötzlich Dinge, die euch an etwas tief Sitzendes, etwas sehr Altes erinnern.

Einerseits meine ich hier tiefes Urwissen, welches in dir vorhanden ist. Es wurde verschüttet, doch nun wird dein Zugang dazu einen Spalt breit geöffnet.

Ich meine allerdings auch Altes in Form schlimmer Erlebnisse, die ebenfalls beleuchtet werden. Es sind alte Erinnerungen, tief sitzende Wunden, die nie geheilt wurden, die du annehmen und heilen sollst.

Ich habe bereits erwähnt, dass andere euch spiegeln was in euch nicht heil ist. Ihr erlebt nun die Schmerzen in euch selbst immer wieder so lange, bis ihr sie anseht und annehmt. Dafür braucht es eure Mitmenschen, insbesondere diejenigen, die ihr wahrhaft liebt.

Es gehört auch in dieser Phase dazu, dass ihr immer wieder versucht, die alten Vorstellungen, die ihr von Beziehungen habt, zu verwirklichen. Das kommt daher, weil die Muster so hartnäckig sind und sehr tief sitzen.

Auch hier gilt es immer wieder zu erkennen, dass es ein riesengroßer Irrtum ist zu denken, eure Zwillingsseele könne etwas für euch erzeugen oder erledigen, wonach

ihr gesucht habt. Was sie tatsächlich tut ist nichts Anderes, als euch zu spiegeln, was ihr für euch selbst tun müsst.
Sie ist nicht euer fehlender Teil, so wie ihr das denkt. Sie wirft euch euer eigenes Seelenlicht zurück. So werdet ihr mit allem konfrontiert, das euch davon entfernt hat zu erkennen, was ihr tief in eurer Seele seid.

Ihr wollt ja eure Liebe wieder finden. Ihr wisst nur eben nicht mehr, dass ihr sie nur erst wieder entdecken müsst. In euch!
Es ist ganz wichtig, dass ihr nicht an den Vorstellungen über Liebesbeziehungen festhaltet.
Ich kann dir nicht sagen, dass dieses oder jenes zu geschehen hat, damit deine Liebesbeziehung mit deiner Dualseele funktioniert. Ich weiß, dass du das erhofft hast. Doch das genau ist noch das Problem an dem ihr knabbert.
Es geht hier nicht um Liebe nach den gängigen Vorstellung der meisten Menschen, die eine Checkliste darüber führen, was sie an einem Partner als kompatibel ansehen und was nicht.
Ihr meint oft so genau zu wissen was normal ist und was nicht, was so bleiben kann wie es ist und was dringend korrigiert werden muss. Es gibt so genau Vorstellungen darüber, wie ein gemeinsames Leben auszusehen hat. Wie viele Menschen suchen ihre Partner dahingehend aus, wer sich als am besten geeignet und zu den eignen Vorstellungen passend, präsentiert.
Immer wieder kommt ein ganz großer mächtiger Schock auf euch zu:
Ihr müsst ständig erleben und erkennen, dass ihr einander liebt, egal wie gut ihr zueinander passt, egal wie verschieden ihr euer Leben lebt. Womöglich erscheint euch das Leben eures Geliebten sogar alles andere als passend zu sein.

Ihr müsst auch erkennen, dass hier beim Partner nichts zu korrigieren ist, gleichwie auch nichts daran zu ändern ist, dass ihr euch einfach liebt.

Hier zerplatzen riesengroße Vorstellungen einer Gesellschaft, wie sie entstanden ist, die so genau meint zu wissen, wie Dinge zu sein haben und wie nicht.

Je mehr aber all dieses zerbricht, desto mehr lebt ihr was eure Seele von euch will. Da dies bei beiden Partnern geschieht und weil ihr euch dieselbe Seele teilt, werdet ihr schließlich wunderbar zusammen passen.

Ich möchte für diese Phase alle Dualseelenpaare ermuntern und stärken:

Steht zu euch, steht zu eurer Liebe. Ihr seid nicht diejenigen, mit denen irgendetwas nicht stimmt.

Ihr seid sogar äußerst wertvoll für alle Menschen, weil ihr etwas in diese Welt bringt, was die meisten vergessen haben. Ihr müsst dafür nichts Anderes tun, als ihr es bisher getan habt. Ihr bringt diese Veränderung einfach nur dadurch, weil ihr hier seid und weil ihr liebt. Ihr erinnert die Menschen daran, dass sie aus der Liebe etwas gemacht haben, das in Wahrheit sehr weit davon entfernt ist, die Seele und das wahre Sein des Menschen zu erlauben, zu respektieren, zu lieben und zu ehren.

Oft verstecken sich Dualseelenpaare, weil sie sich dafür schämen, ihre Liebe nicht so zu leben, wie es den allgemeinen Vorstellungen entspricht.

Es erscheint euch einfach, wenn ihr so lebt, wie ihr und euer Umfeld es für normal ansehen. Das beschränkt sich keineswegs auf die Form der Beziehungen, sondern ist auf alle Bereiche eures Lebens übertragbar.

Es ist schwer für dich anders zu sein, wenn sich in deinem Umfeld ausschließlich Menschen in einer festen Partnerschaft befinden, mit Kindern, einem kleinen Haus oder einer Wohnung.

Wenn eine Person plötzlich mit einer Liebe konfrontiert wird, die diesen für normal erklärten Schemen nicht entspricht, dann denkt das Umfeld, dass mit dieser Person etwas nicht in Ordnung sein kann. Vor allem aber, du denkst das auch selbst.

Niemand will gerne ein Außenseiter sein und am liebsten alles einfach so tun können, wie es eben *ganz normal* ist.

Worauf ich nun aber unbedingt noch einmal hinweisen will ist, dass es sich hier lediglich um Vorstellungen und Konzepte handelt, die als *normal* bewertet werden. Wer aber ist derjenige, der diese Bewertungen aufgestellt hat? Wer erlaubt sich ein Urteil zu bilden?

Selbstverständlich gilt das auch immer im umgekehrten Fall! Du hast genauso kein Recht einem anderen, der seine Beziehung auf eine gängige Art und Weise lebt, zu belehren, seine Beziehung oder ihn selbst schlecht zu machen!

Tatsächlich ist es so, dass alle Menschen mit so vielen unterschiedlichen Aspekten auf diese Erde gekommen sind, dass es wirklich ein Irrsinn ist zu glauben, es gäbe nur eine wahre und normale Form, in der ihr zu leben hättet.

Diese Themen sind universale Themen, die nicht auf Einzelbereiche eures Lebens reduziert bleiben sollten. Daher gehe ich nun kurz auf einen andern Lebensbereich ein:

Für viele von euch ist es *normal* zur Arbeit zu gehen und gleichzeitig weder zu viel, noch zu wenig Geld zu haben.

Nun passiert es aber immer öfter, dass plötzlich ein Mensch so nicht mehr funktioniert. Er wird vielleicht krank, erleidet ein Burn-Out-Syndrom oder verliert seine Arbeit. Das sind riesengroße Herausforderungen, vor allem auch deshalb, weil das übliche Denkschema von *normal*, dem sich diese Person bislang zugehörig fühlte, nun plötzlich zerbricht. Dieser Mensch erlebt so etwas wie einen Abstieg, ein sich ausgestoßen fühlen von einem *normalen* Leben, wie es alle anderen führen.

Tatsächlich ist es aber so, dass kaum jemand so ein völlig *normales* Leben, wie ihr es meint, auch tatsächlich führt.

Die Herausforderungen eurer *Normalität* zu entsprechen nehmen immens zu. Wenn ihr ehrlich seid, spürt es auch schon längst, dass etwas einfach nicht stimmt.

Der Druck, den eure gesellschaftlichen Normen auf euch ausüben, ist enorm. Solange alles an seinem Platz ist und ihr nicht diejenigen seid, die es betrifft ist alles in Ordnung, so meint ihr. Lediglich ist es euer Verstand, den das beruhigt. Euer Verstand möchte euch beschützen. Er hat sich an das gewöhnt, was ihr als *normal* bezeichnet.

Selbst wenn eure Lebensumstände euch gar nicht glücklich machen, ihr vielleicht in einer Beziehung lebt, die euch nicht mehr gefällt, ihr eine Arbeit tut, die euch nicht glücklich macht. Solange euer Verstand es aber als *normal* einstuft, scheint eure Welt trotzdem irgendwie in Ordnung, denkt ihr.

Was aber passiert dabei mit eurer Seele? Eure Seele kam auf diese Welt, um gewisse Erfahrungen zu machen.

Ob ihr es nun wahrhaben wollt oder nicht:

Ihr könnt nicht davon ausgehen, dass das bedeutet, dass ihr ein geregeltes Leben führen sollt, das euer Verstand und eure Glaubensmuster für *normal* erklärt haben.

Dualseelenpartner, die sich in der schwierigen Phase befinden, in denen sie sich immer wieder trennen und doch nicht voneinander loskommen, fühlen sich ausgestoßen, unverstanden, nicht *normal*.

Sie trauen sich oft nicht mehr darüber zu sprechen, da sich ihre Liebe den Glaubenmustern von Normalität entzieht, während gleichzeitig jeder Versuch der Korrektur misslingt.

Gerade in dieser Phase geschieht es ganz leicht, dass ihr alles Mögliche unternehmen wollt, um eure Beziehung in diese Schemen von Normalität zu pressen. Alle üblichen Strategien, die liebevollen aber auch alle unbewussten, vielleicht sogar bewussten Manipulationsversuche werden durchprobiert, in der Hoffnung, endlich das zu finden, was nun hilft.

Es wird scheitern, es *muss* scheitern, damit dieses Verhalten durchschaut wird. Ihr müsst frei werden. Doch das gelingt nur, wenn ihr auf dem üblichen Wege ganz einfach nichts erreicht.

Du musst erkennen, was deine Seele wirklich von dir will. Deine Seele und dein Herz wollen nichts als dein Glück, ein Glück, das dir diese Liebe vor Augen hält. Doch du bekommst es nicht, solange du nicht ihren wahren Wert erkennst.

Ihr wahrer Wert liegt so viel tiefer. Deine ganze Entwicklung als Mensch, das Verständnis für dich selbst sowie für alles was ist, wird hier immer wieder angestupst. Ein wesentlicher Schritt auf diesem Weg ist, dass du beginnst, zu dir selbst zu stehen und zu all dem was dir in deinem Leben widerfährt. Versuch es nicht länger zu korrigieren oder den überkommenen Wertvorstellungen anzupassen.

Du brauchst die Stärke und das Bewusstsein dafür, dass du eben anders bist. Du musst lernen zu dir selbst zu stehen, ganz egal, was ein anderer denken oder sagen könnte. Diese Stärke, die du dabei entwickelst wird dich frei machen. Du kannst dann erst beginnen etwas Neues aufzubauen.

Das ist eine große Herausforderung und fordert viel Mut von dir. Doch es lohnt sich! Wenn du in die Lage kommen willst wirklich diese Liebe zu leben, in welcher Form auch immer sie für dich passend erscheint, dann brauchst du

diese Stärke, um zu dir selbst und zu dieser Liebe zu stehen.
Vertrau dir und dem was du entdeckst!

Vergiss über richtig und falsch nachzudenken.
Eine gewisse Zeit lang wird es für dich wichtig sein, gewisse Blockaden in dir zu erkennen und zu durchlichten. Auf diesem Weg wirst du erneut viel über dich selbst, sowie gleichzeitig auch über die Gesamtzusammenhänge des Lebens erfahren. Du wirst vieles entdecken, das dich bislang von deiner wahren Liebe wie eine Mauer trennte. Diese Mauer versperrte dir die Sicht. Es machte dir das Erkennen und Annehmen unmöglich. Doch in dieser Phase entdeckst du ganz wichtige grundlegende Zusammenhänge, die dich für dein ganzes Leben bereichern.

Du wirst aber eines Tages erkennen müssen, dass auch das nicht ursächlich dazu führen wird, mit deiner Dualseele zusammenzukommen. Tust du all dies nur für diesen einen Grund, so wirst du bemerken, dass auch das ein Irrtum ist. Deine Dualseele ist nicht das Geschenk, das dich für harte Arbeit irgendwann einmal später entlohnen will. Deine Dualseele ist das Geschenk, das dir jetzt in diesem Augenblick all diese Dinge eröffnet und präsentiert, die du zuvor nicht sehen oder erkennen konntest. Deine Dualseele führt dich zu allererst einmal zu dir selbst.
Dein Irrtum bestand darin zu denken, das Heilen der Blockaden wäre der Schlüssel der dich zu deinem erwünschten Ergebnis brächte. Dieser Irrtum aber war auch segensreich, denn er hat dir viel Heilung gebracht. Ohne diese Blockaden, die du erlösen konntest, lebst du heute viel freier und bist somit wieder ein Stückchen dorthin gelangt, dich wieder daran zu erinnern wer du wirklich bist.

Immer wieder werden euch eure eigenen Irrtümer vor Augen geführt. Es ist etwas vom Schwierigsten für euch erkennen zu müssen, dass ihr nichts wirklich dafür tun könnt, um diese Liebe in euer Leben zu ziehen. In euch sitzt der Gedanke so tief, dass ihr etwas tun müsst, um in der Folge etwas zu bekommen. Man hat euch das so lange beigebracht, erklärt und euch üben lassen, bis ihr das tief in eurem Zellgefüge verankert hattet.

Nichts tun zu können ist für euch eine der schlimmsten Vorstellungen, die euch zunächst in eine tiefe Verzweiflung führt. Doch auch das muss manchmal sein. Sonst werdet ihr nicht frei. Die Liebe hält euch nicht fern von den Dingen, die ihr nicht ansehen und nicht wahrhaben wollt. Die Liebe sorgt dafür, dass ihr mit genau diesen schmerzvollen, irrtümlichen Zusammenhängen konfrontiert werdet, um sie tief in euch zu heilen und letztlich aus eurem Zellgefüge zu entfernen.

Sobald euch das gelungen ist, ändert sich euer Leben ganz automatisch. Je mehr ihr geschehen lassen könnt und Gelassenheit entwickelt, desto schneller verändert sich euer Leben. Je weniger ihr eingreifen und etwas erzeugen wollt, desto freier und leichter wird euer gesamtes Leben. Das Paradox ist, ihr blockiert die Veränderungen die ihr euch wünscht, wenn ihr weiterhin so zieht und zerrt, um sie endlich herbeizuführen.

Ich weiß, dass Ungeduld ein großes Thema für euch ist.
Mach dich nicht klein, oder lass zu, dass du dich selbst in die Rolle des Versagers drängst, weil du meinst, du konntest nicht erreichen, was du wolltest.
Nimm unbedingt auch diese Gefühle in dir an, achte und respektiere sie. Du darfst sogar froh sein, dass sie sich dir nun zeigen, denn es bedeutet nichts Anderes, als dass sie sich gerade verabschieden. Lass dich nicht erschrecken von deinen Zweifeln. Sie gehören zum menschlichen Sein dazu.

Das Prinzip des Lebens ist unglaublich einfach, so einfach, dass ihr es kaum glauben könnt oder wollt:
Alles was ist, ist. Nichts kann in diesem Moment anders sein. Alles ist Liebe und es gibt nichts was sich außerhalb der Liebe befindet. Selbstverständlich kannst auch du selbst ebenfalls nie außerhalb der Liebe sein. Du kannst nur weit davon entfernt sein, sie zu spüren.

Damit du all die Dinge, die du dir tief in deinem Herzen und in deiner Seele wünschst auch wirklich erleben kannst, musst du erst in die Lage kommen, das auch zuzulassen, du musst dir selbst die Erlaubnis und die Zeit geben, diesen Weg zu gehen.
Das klingt womöglich, als müsstest du viel dafür tun. Aber, und ich muss mich wiederholen, das passiert durch das was du erlebst ganz automatisch. Es gibt nichts, was du beschleunigen könntest. Es gibt nichts, das du falsch machen könntest. Es sind Erfahrungen, die du einfach brauchst. Sie alle geben deinem Lebensweg immer wieder eine neue Richtung. So wirst du letztlich immer dorthin gelangen, wo du hinkommen solltest.

Ich will nicht sagen, dass du überhaupt nichts mehr tun sollst. Tatsächlich wirst du bestimmt schon viel getan haben und wirst dies auch künftig tun.
Ich möchte dir lediglich sagen, dass du angstfreier, unbekümmerter werden darfst in dem was du tust. Du wirst auch weiterhin manchmal das Gefühl haben einen Fehler gemacht zu haben. Ich würde es allerdings lieber so formulieren: Du hast erkannt, was du künftig nicht mehr tun willst.
Es kann sein, dass du erkennst, du hast jemanden ungerecht behandelt und möchtest dich entschuldigen, dann tu es!
Es kann sein, du bemerkst, du warst dir selber gegenüber unaufrichtig und hast jemanden etwas tun lassen, was dir

eigentlich missfällt. So wirst du vielleicht eine Klärung der Situation herbeiführen, dem anderen die Meinung sagen, oder nicht. Bestimmt aber wirst du das nächste Mal aufmerksamer sein und schneller reagieren.

Vielleicht wirst du auch ein Verhaltensmuster entdecken, das dich immer wieder in eine ähnliche Situation bringt, dann wirst du vielleicht jemanden um Hilfe bitten, das mit dir gemeinsam zu lösen.

Das sind nur ein paar Beispiele was sein könnte oder nicht. Bitte hör damit auf, dich selber immer wieder der Zensur zu unterziehen, weil du fürchtest etwas falsch zu machen.

Wer alles richtig machen will macht nichts besser! Wer authentisch mit sich selber umgeht und unbekümmerter wird, tut sich leichter!

Was es hingegen braucht ist eine gesunde Selbstreflexion: Du wirst Situationen beobachten, annehmen und erfühlen, sowie sensitiv dafür werden, was dir gut tut und was nicht. Entwickle Unterscheidungsvermögen, was zu dir passt oder was dich eher einengt.

Immer mehr wirst du erkennen, dass das, was du dir von deiner Dualseelenbeziehung erhoffst und wünschst, zuerst in dir selbst passiert.

Die Harmonie und der Frieden, das Gefühl des Angekommen-Seins, wirst du mehr und mehr in dir selbst erspüren können. Das Schöne daran ist, dass dir das auch keiner mehr nehmen kann. Daher wirst du dich auch immer weniger von deinem Dualseelenpartner abhängig fühlen. Du hast in dir entdeckt, was du wirklich brauchst und wonach du dich so lange sehntest.

Du hast keine wirkliche innere Stabilität, solange du auf ein Ergebnis im Außen hoffst. Doch genau diese innere

Stabilität brauchst du, um deinem Dualseelenpartner wirklich begegnen zu können. Wirkliche Begegnung bedeutet nicht nur im selben Raum zu sein. Wirkliche Begegnung meint mit geöffneten Herzen zueinander „Ja" sagen zu können, ohne Mauern und ohne all die trennenden Dinge, die ihr zwischen euch hattet.

Das tiefe Wissen, um die Zusammenhänge des Lebens, wird es euch erst ermöglichen, überhaupt eine Beziehung zu führen, die dieser Tiefe und allem was diese Liebe mit sich bringt, gerecht werden kann.

Es kommt der Punkt in eurem Leben, an dem die Suche und das Streben nach etwas in der äußeren Welt einfach enden.

An diesem Punkt suchst du nichts und niemanden mehr, der für dich etwas verbessern müsste. Du hörst auf, jemanden für deine Zwecke zu brauchen. Du brauchst niemanden mehr, um dir etwas zu erfüllen. Du bist bereits erfüllt und voller Liebe.

Dieses Wissen, das du dann in dir trägst, schafft erst die Basis für eine ganz neue Art der Liebesbeziehung:

Eine Liebesbeziehung wie ihr sie euch noch nicht vorstellen könnt, solange ihr selbst noch nicht in diesem erfüllten Zustand seid.

Im Moment müsst ihr euch daher mit eurem Gefühl und eurer Sehnsucht nach dem Frieden, dieser Sehnsucht des Angekommen-Seins begnügen. Genießt die Momente, in welchen ihr das schon spüren könnt. Verzweifelt nicht, wenn sie sich wieder für einige Zeit verabschieden. Das Leben ist ein Kommen und Gehen.

Ihr seid noch viel zu sehr ergebnisorientiert und ungeduldig.

Ihr müsst den Dingen ihren Lauf lassen und sehen, was der Moment euch schenken will.

4. Wiederannäherung mit größerer Bewusstheit

Eines Tages aber verändert sich mit einem Male etwas.
Ihr könnt es schon spüren, doch noch ist es nicht so weit, dass ihr es auch sehen könntet.
In der Phase, vor der Zusammenführung, braucht ihr willentlich nicht einzugreifen. Ihr könnt nichts erzwingen oder beschleunigen, aber genauso wenig könntet ihr es verhindern.
Es geschieht mit euch etwas, das dem ähnelt, was ihr zu Beginn eurer Liebesbeziehung erlebtet:
Wie von Zauberhand werdet ihr erneut geführt. Alles hat etwas unglaublich Magisches. Der große Unterschied für euch ist nun, dass ihr Verständnis für euch selbst und die Welt, die euch umgibt, entwickelt habt. Nun wisst ihr um die Umstände eures Seins und könnt euch leichter, bewusster und freier darauf einlassen.
Tief innerlich könnt ihr sagen: „Ja, ich habe verstanden!"
Kurz bevor es zur dauerhaften Zusammenführung kommt, werden einige feststellen, dass sie plötzlich *wissen* und tief in sich spüren, dass dieses Ereignis bevor steht.

Was ihr in dieser Vorbereitungsphase zum Beispiel bemerken könnt ist, dass eure Chakren angepasst, aufeinander abgestimmt werden. Eure Chakren sind die Energiezentren eures Körpers. Durch sie schenkt und empfangt ihr Energie. Durch sie steht ihr mit Allem-Was-Ist in ständigem energetischem Austausch. Eure Energiezentren wurden ebenfalls durch viele Umstände blockiert, verunreinigt oder verschlossen. Durch eure Arbeit an euch selbst konnten sie sich Stück um Stück wieder befreien, umbauen und in Balance bringen. Der natürliche Energiefluss eures Körpers wird maßgeblich davon bestimmt, wie es um eure Chakren bestellt ist.
Es kann sein, dass eure Anpassung geschieht während ihr tatsächlich Zeit miteinander verbringt. Es kann aber auch

sein, dass das vorher schon beginnt. Ihr seid vielleicht weder am selben Ort, noch über technische Hilfsmittel wie das Telefon verbunden. Trotzdem spüren das beide Partner.

Es ist möglich, dass ihr euch in dieser Phase hin und wieder trefft, doch wisst ihr instinktiv, dass nicht der Zeitpunkt da ist, dauerhaft zusammen zu bleiben.

Es ist eine Phase, die sich wieder sehr viel ungewöhnlicher für euch anfühlen wird. Ihr tut dafür nämlich wenig, es geschieht einfach.

Ihr braucht nun alles, was ihr bisher gelernt habt.

Ihr werdet auch künftig immer wieder Herausforderungen zu meistern haben. Für all das müsst ihr in völliger Klarheit darüber sein, wer ihr selbst seid und was euch wirklich wahrhaftig gut tut. Ihr braucht das Wissen um euren eigenen Energiehaushalt, sonst könnt ihr eure Grenzen nicht wahrnehmen. Ihr wisst, was ihr tun könnt, um in Balance zu sein. Mittlerweile versteht ihr auch, mit allem was euch begegnet viel gelassener umzugehen.

Ihr seid Pioniere auf dem Weg zur bedingungslosen Liebe. Vergesst das nicht! Ihr habt eine äußerst wichtige, aber auch schwierige Aufgabe.

Die Schwierigkeit eurer Liebe liegt darin, dass ihr die vorgefertigten Muster oder Rollenverhalten hinter euch lassen musstet. Ihr habt nichts, woran ihr euch festhalten könntet. Ihr müsst euch ausschließlich auf euer tiefes inneres Wissen verlassen. Obwohl ihr es schon wisst, wird euch das in dieser Phase noch einmal auf einer tieferen Ebene bewusst. Unsicherheit und auch Angst sind daher nicht selten eure Begleiter.

Diese Phase erfordert von euch, dass ihr einen guten Kontakt zu eurem Herzen und eurer reinen, unverfälschten Intuition pflegt. Alles, was ihr euch zuvor erarbeiten musstet, braucht ihr nun.

Eine ebenfalls große Herausforderung für euch ist es, den Dingen ihren Lauf zu lassen und nicht in Hektik zu verfallen. Eure Sehnsucht und der Wunsch, endlich zusammen zu sein, sind einfach groß, doch Ungeduld ist und bleibt kein guter Ratgeber.

Ich möchte euch einen anderen Blickwinkel anbieten, der euch verdeutlichen soll, was ihr hier leistet:
Ihr beginnt eine noch kleine, neuartige Pflanze großzuziehen. Eine Pflanze braucht Geduld, Zeit, Hingabe und das tiefe Vertrauen, dass sie wachsen wird. Was einer Pflanze nicht dienlich ist, ist sie zu übergießen oder an ihr zu ziehen.
Ihr musstet bereits viel Vertrauen entwickeln. Darauf wurdet ihr bereits eure ganzes Leben hin vorbereitet. Nun geht es darum, genau das anzuwenden.
Vertrauen in euch selbst, in eure Kraft und Stärke ist es, was ihr in euer Leben übertragen und verankern müsst.

So lange ihr denkt, dass das was ihr zuvor erfahren habt nun endlich beiseite geschoben werden kann und sozusagen in Vergessenheit geraten kann, so lange werdet ihr immer wieder getrennt werden. Auch in dieser Phase können immer wieder Rückfälle passieren. Ganz tief sitzende Glaubensmuster über euch selbst kommen zum Vorschein, um Erlösung zu finden.
Ihr müsst euren eigenen unvergleichlichen Weg wirklich tief in euch akzeptieren und alles andere bereit sein loszulassen. Bringt euch dafür Wertschätzung, Achtung und Respekt entgegen!
So lange ihr noch irgendwo tief in euch denkt, dass ihr das alles nur um einer Belohnung willen gemacht habt und nun endlich all das, was hinter euch liegt vergessen könnt, so lange habt ihr euren eigenen Weg nicht wirklich akzeptiert.

Ein tief ausgesprochenes „Ja" zu euch selbst sowie zu eurem Leben mit all seinen Erlebnissen, ist unumgänglich.

Die große Hürde in der Phase vor der völligen Hingabe an eure Liebe, ist gewiss wieder einmal eure Ungeduld. Die Erwartungen sind sehr hoch, ihr spürt euren Seelenzwilling schon so nah und doch noch nicht ganz. Ihr fühlt euch vielleicht als schwebtet ihr ein bisschen und könnt nicht wirklich den Boden unter euren Füßen sehen.
Auch diese Phase ist wichtig, dass ihr sie durchlebt. Auch wenn sie euch als heikel, fragil oder unangenehm erscheinen mag.
Es wird euch leichter fallen, wenn ihr sie einfach nehmen könnt wie sie ist: Eine Phase, die nicht umgangen werden kann, weil sie dir erneut etwas zeigen muss und dir neue Einblicke in das Leben und über dich ermöglicht.
Ebenso wie alle anderen Phasen wird sie vorüber gehen, wenn sie dir alles offenbart hat, was du erkennen sollst.
Gebt euch auch in dieser Phase gegenseitig Raum. Ihr braucht beide die Gelegenheit, eure Zuwendung neu auszurichten. Bereits jetzt beginnt ihr, euch beide um eure gemeinsame Pflanze zu kümmern. Das muss ausprobiert werden. Ihr braucht Zeit, das zu erlernen.

Für gewöhnlich gibt es bei Dualseelenpaaren einen Partner, der in den vorherigen Phasen viel für die Beziehung investiert und sich sehr darum bemüht hat. Der andere Partner hingegen erschien eher langsam, flüchtete immer wieder. Doch in dieser Phase beginnt sich dies zu verschieben.
Der einstmals flüchtende, langsamere Partner wird gefordert, nun auch aktiver zu werden, während der bislang sehr aktive Partner lernen muss, loszulassen. Diese Aufgaben sind für beide neu und daher nicht einfach zu bewältigen. Geduld ist, was ihr braucht. Vertrauen ist es,

was ihr entwickeln müsst, auch wenn es Rückschläge geben wird.

Zusätzlich kommt hinzu, dass ihr euch in den Stadien zuvor vor allem um eure eigene innere Pflanze gut zu kümmern lernen musstet. Ihr habt sie kennen gelernt und erfahren, was sie braucht, was ihr schadet, wie ihr sie pflegen, nähren und reinigen müsst.

So wie eure Pflanze wurdet auch ihr selbst stärker und bewusster euch selbst gegenüber.

Jetzt entsteht aber etwas Neues: Die gemeinsame Pflanze eurer Liebe. Pflanzen bedingungsloser reiner Liebe in einer gelebten Partnerschaft, gibt es bislang kaum. Vielleicht könnt ihr dieser Phase anstelle von Ungeduld, mit etwas Anderem begegnen: Mit Neugier und Hingabe.

Habt keine Angst vor Fehlern. Eure Pflanze wird nicht zerstört dadurch, dass ihr etwas falsch machen könntet. Auch Ungeduld gehört manchmal dazu. Vielleicht versucht ihr sogar, ab und zu an eurer Pflanze zu ziehen. Aber ihr seid schon so viel bewusster, ihr bemerkt es und werdet darauf zu reagieren wissen.

Eure Liebe ist unzerstörbar. Ihr seid euch von Anbeginn der Zeit und über viele Inkarnationen hinweg immer wieder begegnet. Ihr habt euch gegenseitig schon so viele Erfahrungen geschenkt und allesamt waren sie immer neu für euch. Eure Seele macht nicht dieselben Erfahrungen immer wieder, sie sucht sich neue Herausforderungen, neue Erlebnisse um zu wachsen. Sie hat euch immer genau dorthin geführt, wohin ihr kommen solltet.

Habt Vertrauen in eure eigene Stärke, vor allem in eure Herzen. Es ist das Wichtigste in dieser Phase, dass ihr nie vergesst auf eure Herzen zu hören, dann habt ihr es leichter. Wenn ihr das gut könnt und alles andere nicht zu ernst nehmt was euch da etwas Anderes erzählen will, dann wird diese Phase einfacher und fühlt sich gut an.

Denke an dein inneres Kind, das in dir wohnt und dem ganzen Leben mit Neugier begegnen möchte. Freu dich einfach, dass du es so weit geschafft hast und versag dir nicht, dich jetzt schon zu freuen.
Freude und Genuss sind so wichtig!

Viele von euch denken zuerst alles Mögliche in ihrem Leben verwirklicht haben zu müssen, damit sie sich Freude und Glück zu fühlen erlauben.
Das ist ein so großer Irrtum. Freut euch einfach an dem, was ihr erreicht habt. Freut euch, dass da nun eine kleine Pflanze wächst, die noch zum größten Teil unter der Erde steckt.
Tanzt, lacht, habt Freude. Genießt die Zeit mit euch selbst, oder mit euren Freunden. All das gehört zu einer gesunden Balance in euren Leben dazu.

In den Momenten der Ungeduld und wenn es einmal recht düster für dich auszuschauen scheint, dann besinne dich auf das, was dir gut tut, dich stärkt und nährt.
Wenn du den Kontakt mit deiner Herzebene einmal verlierst, dann greif auf all die Möglichkeiten zurück, die du bereits als hilfreich erfahren hast.
Das ist gut und wichtig. Das, was du schon lange geübt hast, daran konnte sich dein Körper gewöhnen. Diese Erinnerung deines Körpers sorgt dafür, dass du dich nun sehr schnell wieder besser fühlst.

Übertritt in die Phase der Hingabe:

Der nächste Schritt, den es zu tun gilt, ist erneut eine enorme Herausforderung. Bevor ihr in die Phase der Hingabe übertreten könnt, müsst ihr einfach alles andere bereit sein, loszulassen. Ihr müsst es wagen zu springen.

Diese neue Phase, in die ihr übertreten müsst, nenne ich *Hingabe an diese Liebe*. Das drückt sehr schön aus was von euch verlangt wird. Hingabe ist etwas, das ihr verlernt habt. Ihr habt hingegen erlernt, dass ihr viel unternehmen müsst, kämpfen, arbeiten und handeln. Wovor ihr euch aber fürchtet ist Hingabe, die auch bedeutet, dem Leben seinen Lauf zu lassen.

Nun steht ihr vor diesem großen Schritt, den ihr gerade dabei seid zu tun: euch fallen zu lassen, ohne zu wissen, was nun geschieht.
Unsicherheit und Rückfall in etwas Altes ist nicht ungewöhnlich. Es fällt euch einfach schwer loszulassen, die Kontrolle abzugeben. Ihr fühlt euch schutzlos und ausgeliefert.

Das kann so eine enorme Herausforderung sein, dass ihr vor ihr zurückschreckt. Vielleicht denkt ihr, ihr würdet sowieso keinen Partner mehr brauchen. So viel wisst ihr nun, so viel habt ihr losgelassen und bewältigt. Mittlerweile kommt ihr gut allein zurecht und es fehlt euch in diesem Sinne nichts mehr. Ihr musstet und müsst, um euch selbst besser kennen zu lernen, viel Zeit alleine verbringen. Nun habt ihr euch so sehr daran gewöhnt, dass es euch praktischer erscheinen mag, alles so zu lassen, wie es gerade ist. Ihr habt begonnen, selbst verantwortlich zu leben und habt aufgehört, einen Partner zu brauchen.

Inwieweit du es dir noch wünschst, diese Liebesbeziehung zu leben und wirklich gemeinsam ein Leben zu leben, das ist - wie alles andere auch - unterschiedlich. Manche Dualseelenpaare gehen getrennte Wege. Das wird euch dann ganz klar gezeigt und ihr wisst es dann auch.

Wenn es soweit ist und du diese Liebe tatsächlich leben willst, dann wirst du es ebenfalls merken. Zu Beginn dieser Phase konntest du es bereits spüren, dass ihr zusammengeführt werdet. Während sich nun all die Herausforderungen der Reihe nach präsentieren, kann es sein, dass du dieses Wissen nicht mehr so deutlich spürst und vielleicht zweifelst.

Doch wirst du tief in deinem Inneren spüren, wenn du doch nicht mehr länger allein bleiben willst.

Das Leben greift auch hier wieder ein. Es zwingt euch in eine neue Richtung, die euch abverlangt, euch der Angst vor der Hingabe zu stellen.

Ihr braucht eine gewisse Zeit, um euch nun wieder dem zu öffnen, was eine geteilte Liebe mit sich bringt.

5. Hingabe

Ihr kommt eines Tages an den Punkt, da eure üblichen Schutzmechanismen einfach zusammenbrechen. Ihr habt so viele Täler durchwandert und erkennt, dass diese Liebe stärker ist als ihr selbst und all die trennenden Mechanismen. Ihr seid einfach nicht mehr in der Lage, euch noch länger aufzulehnen oder anzukämpfen.

Wie sich die konkrete Form eines neuartigen Zusammenlebens gestaltet, das kann ich dir nicht sagen. Ihr müsst es ausprobieren und herausfinden, wie es für dich und deinen Partner funktionieren kann.

Ihr habt so viel Wissen und Bewusstheit über euch selbst erlangt, habt viele eurer Konditionierungen hinter euch gelassen.

Doch erfordert es erneut Mut, euch wieder in eine gelebte Gemeinschaft einzugliedern, zuzulassen, dass da noch jemand anderer um euch ist.

Zuvor musstet ihr ein eher abgekapseltes Leben führen, in dem ihr oftmals Grenzen ziehen musstet und *„Nein"* sagen lerntet.

Doch auch das bleibt nicht so. Nichts bleibt beständig im ständigen Fluss eures Erdenlebens.

Somit kommt einmal der Zeitpunkt, an dem du bemerken wirst, dass es doch nicht alles gewesen sein kann.

So wertvoll deine Erfahrungen des Alleinseins waren, wirst du nun damit konfrontiert, wie du eine andere Art der Gemeinschaft leben kannst. Niemand konnte euch bislang vorleben wie das praktisch aussieht.

Das herauszufinden ist die Aufgabe von Pionieren!

Respektiert, dass es nicht einfach ist. Setzt euch nicht erneut unter Druck oder Erfolgszwang. Lasst auch diese Formen der Konditionierungen los. Niemand zwingt euch, auf eine bestimmte Art und Weise miteinander umzugehen. Ihr allein entscheidet, was für euch passend ist und inwieweit ihr das mit eurem Partner Schritt für Schritt umsetzen könnt.

Es braucht Mut sich einzulassen, neu einzulassen, denn diese Form des sich aufeinander Einlassens ist nicht zu vergleichen mit dem, was ihr zuvor darunter verstanden habt. Das vorherige Einlassen auf einen Partner war in erster Linie davon geprägt, dich unbewusst gewissen Wertvorstellungen, Normen, Dingen zu unterwerfen, ohne diese zu durchschauen oder zu hinterfragen. Das hatte nicht den Zweck, Liebe in ihrer freien Form zu leben, sondern diente euch gegenseitig dafür, euch etwas über euch selbst zu enthüllen, um euch die Möglichkeit zu geben, zu erkennen und es anschließend hinter euch zu lassen. Ihr habt Rollenspiele gespielt, die immer ein Einlassen der Partner auf die jeweilige Rolle erfordert haben.

Auch jetzt, in der neuen Form des aufeinander Einlassens werdet ihr euch immer noch gegenseitig Dinge aufzeigen.

Doch ihr habt ein ganz anderes Bewusstsein dafür und seid längst nicht mehr in der Lage, Spielchen um Macht oder Ähnliches mitzuspielen. Ihr habt das sogar großteils verlernt. Selbst wenn ihr wolltet, ihr könnt es so gar nicht mehr.

Unsicherheit kann hier zu einer Herausforderung für euch werden.

Traut euch und eurem Partner zu, dass ihr einfach ausprobiert, wie ihr miteinander umgehen könnt.

Seid euch bewusst über das, was ihr fühlt, über das, was ihr selbst zum Ausdruck bringen möchtet. Erkennt und schaut hin, wenn ihr bemerkt, dass ihr in ein altes Muster gerutscht seid. Da ist nicht schlimm.

Wenn ihr in euch fühlt, so will ich euch ermutigen: Lasst euch auf dieses neue Abenteuer ein, denn wahrlich es ist eines, das ihr in eurem Menschendasein so noch nie erlebt habt!

Übung, dein Wahres Sein zu erspüren

Egal in welcher Form sich deine Liebesbeziehung präsentiert. Sobald es um wahre, tiefe Liebe geht ist eines außerordentlich wichtig: Deine Seele und wie du mit ihr umgehst.
Es ist wichtig, dass du erkennst, dass du nicht nur ein Wesen bist, welches denkt, fühlt und handelt. Es ist wichtig, dass du erkennst, dass du weit mehr bist als du bislang dachtest.
Meditation kann dich dabei unterstützen, mit dem was du wahrhaft bist, in Kontakt zu kommen. Dieses Erkennen erschließt sich dir nicht dadurch, dass ich dir erkläre was du bist. Du wirst es auch nicht verstehen, wenn du darüber nur nachdenkst. Du musst es erspüren und dich schrittweise heran tasten.

Übung:

Begib dich an deinen Ort der Stille.
Erlaube dir völlig ungestört von ablenkenden Geräuschen, oder anderen Menschen zu sein.

Atme ein und aus!
Konzentriere dich auf deinen Atem!
Spüre, wie die Luft deinen Brustkorb durchflutet, ihn sanft hebt und wieder senkt.
Beobachte nur, doch werte nichts,
alles ist gut so, wie es jetzt ist!
Dein Atem ist perfekt so wie er ist!
Er versorgt dich mit allem, was du jetzt in diesem Moment brauchst.
Du brauchst dich jetzt um rein gar nichts zu kümmern.

Atme, tief ein uns aus.
Wenn du magst, schließe dabei deine Augen.
Lege nun deine Hände auf dein Herz und fühle, wie es schlägt.
Dein Herz versorgt dich mit allem, was du jetzt in diesem Moment brauchst.
Nichts ist wichtig, beobachte und fühle einfach nur dein Herz, so wie es sich genau jetzt anfühlt!
Vielleicht schmerzt es dich ein wenig,
vielleicht ist es etwas schwer oder vielleicht fröhlich?
Egal was sich zeigt - alles ist in Ordnung!
Beobachte nur, bewerte nichts!
Vielleicht fühlt es sich ein wenig eng an,
atme sanft in dein Herz!
Dein Herz ist dein wahrer Schatz.
In deinem Herzen kannst du so viele Dinge erspüren, die für dich äußerst wichtig sind.
Schenke deinem Herzen Achtung und Respekt!
Atme in dein Herz und lass es mit jedem Atemzug wachsen.
Atme Liebe ein und Angst und Enge aus.
Lass dein Herz sich dehnen, nähre es mit deinem Atem!

Mache das einige Minuten lang.
Dann fühle einfach nur und beobachte dich!
Nimm die Energie wahr, die sich nun über deinen gesamten Bruchtraum ausbreitet.
Versuche, nichts zu bewerten, einfach nur zu beobachten.
Nimm wahr, dass sich das vielleicht sehr ungewohnt anfühlt.
Lass dir Zeit, es ganz in dich aufzunehmen.
Lerne dieses Gefühl, deiner Energie, deines Wahren Seins kennen.
Erkunde und erforsche es!

Du brauchst nicht zu überlegen, wie es sich anfühlt, sondern fühle es einfach. Versuche, es weder zu benennen noch zu vergleichen, sondern einfach nur zu spüren.
Bleibe so lange in diesem Gefühl, wie es dir gefällt.
Wenn du nicht mehr kannst oder magst, dann wird es von selbst verschwinden.

Mache diese Übung täglich, damit du besser mit dir und deinem Wahren Sein in Kontakt kommst.
Dort wirst du all die Dinge finden, nach denen du schon so lange suchst und die du in der äußeren Welt nie finden konntest.
Erlaube dir nun, genau das zu haben, was du immer gesucht hast. Es war schon immer da, ganz nah bei dir und nun darfst du es fühlen.
Erlaube es dir!

Urkräfte des menschlichen Seins: Männliche und weibliche Energien

Dieses Thema ist enorm wichtig und wird euch über die nächsten Jahre hinweg wiederholt begegnen und herausfordern.
Jeder einzelne Mensch und jede Beziehung wird von der Veränderung jener energetischen Balance zwischen männlichen und weiblichen Energien betroffen sein. Es ist unübersehbar, dass jede Liebesbeziehung immer mehr mit Herausforderungen konfrontiert wird.

Auch hier spielen Seelenpartner und Dualseelenpaare eine wichtige Rolle, denn sie sind diejenigen, die diese Balance unbedingt finden müssen, wenn sie miteinander leben möchten.
Der Verrat an euren Seelen, euren Herzen, sowie eurer Urnatur als kraftvolle Wesen führt insbesondere in jeder Dualseelenpartnerschaft immer wieder zu grundsätzlichen Problemen. Die Liebe der Zwillingsseelen möchte so gelebt werden, dass sich beide Partner vollkommen ihrer eigenen inneren Stärke bewusst sind und nach ihrer eigenen tiefen Intuition und ihrem Seelenwissen handeln. Wenn beide Partner das können, haben sie absoluten Respekt voreinander. Sie verlieren den Drang sich zu verstecken, zu verstellen. Sie benötigen keine Machtkämpfe. Sie können sich nicht mehr anders präsentieren, als sie selbst wahrhaft sind.
Sobald sich ein menschliches Wesen im Vollbesitz seiner eigenen inneren Stärke befindet, kehren Ruhe und Gelassenheit ein. Das Handeln wird sehr viel liebevoller, bewusster und respektvoller, denn es gibt keinen Grund mehr, um etwas zu kämpfen oder etwas zu verhindern.
Um diese Bewusstheit zu erlangen ist es unbedingt von Nöten, um die Urkräfte des eigenen Seins zu wissen.

Selbstverständlich bleiben diese Veränderungen, welche die Verschiebung dieser dem Menschen innewohnenden Urkräfte auslöst, keinesfalls auf Dualseelenpaare beschränkt. Wie erwähnt, sind auch alle Formen der Seelenpartnerschaften von Bedeutung. Auch in diesen Liebesbeziehungen wird beiden Partnern die Wichtigkeit der Seele immer bewusster.

In vielen Seelenpartnerschaften spüren die Menschen bereits, dass sich entscheidende Dinge verändern. Eine Herausforderung wird dies für alle darstellen, egal in welcher Art von Liebesbeziehung ihr euch befindet.

In jeder anderen Beziehung, seien es nun Geschäftsbeziehungen, Beziehungen zu Arbeitskollegen oder Vorgesetzten, Familienverbände oder der Freundeskreis, wird der Umgang mit den menschlichen Urkräften zunehmend eine große Rolle spielen.

Es ist erneut eine absolut zwingende Voraussetzung, dass ihr zuerst einen neuen Umgang mit euch selbst, mit euren eigenen inneren Energien findet.

Zuerst also gilt es, all das in eurem Inneren zu erkennen, um euch selbst zu befreien. Anschließend seid ihr erst in der Lage, mit eurem Partner liebevoll, wissend um diese Dinge, die ihr durch euch selbst erfahren habt, auf einer anderen Ebene zu begegnen.

Dieser Weg wird keineswegs einfach. Es wird sehr viele Gespräche benötigen. Sehr viel Altes wurde und wird weiterhin aus dem Weg geräumt werden. Es gilt, einen neuen Umgang miteinander zu finden. Ihr werdet euch künftig auf einer anderen Ebene begegnen.

Diese neue Ebene ist geprägt von tieferer Zuwendung, geprägt von Anerkennung, Respekt und wahrer Liebe. Eure Herzen kommen in die Lage mehr Liebe zu schenken und anzunehmen. Doch um dorthin zu gelangen muss die bisherige Ebene verlassen werden.

Welches sind die menschlichen Urkräfte?

Es handelt sich hierbei um männliche und weibliche Energien.

Jeder Mensch, ob Mann oder Frau, trägt sowohl männliche als auch weibliche Energien in sich. Das hat wenig mit euren geschlechtsspezifischen Rollenverteilungen zu tun. Eure Rollenverteilung und Vorstellung darüber, wie ein Mann oder wie eine Frau zu sein hat entspricht nicht dem, was ich unter weiblichen oder männlichen Energien verstehe.

Es hat auch nichts mit Äußerlichkeiten, wie dem Tragen von Make-up, hochhackigen Schuhen oder mit dem Verwenden von Statussymbolen zu tun. Es hat genauso wenig mit den typischen, gesellschaftlich für erstrebenswert erklärten Charakteristiken von Männern oder Frauen zu tun, in denen es überwiegend darum geht, etwas Bestimmtes zu präsentieren und das wahre Sein zu verdrängen.

Wichtig ist das Anerkennen und Annehmen beider innerer Kräfte, die jeder Mann und jede Frau in sich trägt. Auf sie sollt ihr künftig viel mehr achten!

Welche Eigenschaften und Kräfte bringen diese beiden Energien mit sich

Die weibliche Energie und Kraft zeichnen sich durch intuitives Verstehen aus. Sie ermöglichen euch, direkt mit den kosmischen und göttlichen Energien in Kontakt zu kommen. Diesen Kontakt spürt jeder, der sein wahres Wesen, sein Wahres Sein erspüren kann.

Sie ist liebend und nährend, wenn sie in ihrer vollen Kraft erstrahlen darf. Sie ist in vollem Bewusstsein darüber, dass alles um euch in Einklang ist.

Sie achtet und respektiert das Leben selbst, sowie alle Lebewesen. Sie weiß um den geheimen Zusammenhang der Dinge.

Die weibliche Kraft der Intuition wird für euch immer wichtiger, denn sie erkämpft sich gerade ihren Platz zurück.

Die weibliche Energie ist stark mit eurem Körper verbunden. Nur dort könnt ihr sie erfühlen und ihr erlauben, sich auszudehnen. Viele Frauen und Männer haben ein ganz schlechtes Körpergefühl. Teilweise fühlt ihr ihn überhaupt nicht mehr. Eure Köper werden oft als Feinde gesehen, die nicht so funktionieren, wie ihr das gerne wollt. Sie sollten doch optisch anders aussehen oder endlich gesund sein. Ihr wisst selbst, wie sehr ihr oft gegen das ankämpft, was euer Körper euch mitteilt. Genau wie viele Menschen ihren physischen Körper ablehnen, so lehnen sie ihre weibliche Energie ab, die dort wohnt.

Weitere wichtige Aspekte der weiblichen Energie sind Annehmen, Hingabe und Empfänglichkeit.

Was sie allerdings nicht ist, ist lieb und angepasst. Sie macht sich niemals klein. Sie unterwirft sich nicht, denn jede Unterwerfung verlangt ihren Preis. Sie weiß, dass alles immer perfekt ist, in jedem Augenblick.

Genau das widerspricht jedoch euren gesellschaftlichen Vorstellungen von Mädchen und Frauen.

Die wahre kraftvolle, weibliche Energie lässt sich nichts vorschreiben, denn sie weiß es einfach besser. Sie sorgt wunderbar für dich, wenn du mit ihr zusammenarbeitest, sie achtest und anerkennst.

Achtest du sie nicht, dann wird sie zerstörerisch. Sie wird mitunter zur Furie, sobald sie fühlt, dass sie verraten wird. Sie weiß, wenn du sie verrätst, verleugnest du einen wichtigen, wahren Teil deines Wahren Seins. Ohne jenen könnest du nie vollständig und gesund sein.

Das kann sich negativ auf sämtliche Lebensbereiche auswirken, insbesondere auch auf die Gesundheit. Die unterdrückte weibliche Energie hat die Eigenschaft sich unvermittelt und ohne jede Vorwarnung zu zeigen. Das geschieht mit solch einer Stärke und Kraft, sodass ihr selbst und euer Umfeld erschreckt.

Ihr müsst wissen woher das kommt. Es handelt sich um eine unkontrollierbare Energie, die niemals nachgeben wird, so lange ihr nicht ihr rechtmäßiger Platz zugestanden wird und der Mensch jede ihrer Eigenschaften annehmen will.

Je mehr ihr sie zu kontrollieren versucht, desto stärker drängt sie sich in den Vordergrund, um euch ganz klar zu zeigen, dass ihr nicht den Weg geht, der eurer Seele gerecht wird.

Das wird euch alle, Männer wie Frauen, da ihr alle diese innere weibliche Energie und Kraft in euch tragt, vor zahlreiche Herausforderungen stellen. Die Zeit ist reif, denn die lange Phase ihrer Unterdrückung ist bereits zu Ende gegangen ist.

Die männliche Energie und Kraft ist handlungsorientiert. Sie war die vorherrschende Kraft über viele Jahrhunderte hinweg. Mit ihr seid ihr vertrauter. Allerdings kennt ihr sie kaum in ihrer heilen Form.

Sie schützt und greift ein, wo es nötig ist. Sie ist stark und weiß um ihre Kraft. Sie muss niemandem etwas beweisen. Sie braucht sich nicht erst zu behaupten und um ihren Platz zu kämpfen. Sie strahlt von sich aus. Sie ist sehr direkt beim Umsetzen ihrer Ziele. Sie hat die planerischen Fähigkeiten und kann in die Welt bringen, was zuvor rein als Vision existierte. Die männliche Energie zeichnet sich auch durch strukturiertes Denken aus.

Der bisherige Umgang mit diesen Energien

Obwohl Männer wie Frauen beide Energien in sich tragen, so haben sie selbstverständlich unterschiedliche Aufgaben zu bewältigen. Frauen haben mehr als Männer die Aufgabe, ihre weibliche Seite furchtlos und klar nach außen hin auszudrücken.

Wie euch gewiss aufgefallen ist, ist es in euren westlichen Kulturen keineswegs so, dass alle Frauen tatsächlich ihre wahre, kraftvolle, weibliche Seite leben würden. Es ist vielmehr so, dass viele Frauen in ihrem Fühlen und Handeln sehr auf ihren männlichen Anteil fokussiert sind. Diese Schemen und die Vorstellung, Frauen könnten und sollten sich wie Männer geben, wollten sie erfolgreich sein, wird nahezu als Idealvorstellung von vielen gesehen. Karrierefrauen müssen sich mit Männern messen, ihnen die Stirn bieten. Männer und Frauen haben begonnen, gegeneinander zu kämpfen. Dieser Kampf ist selbstverständlich auf die Rückkehr der weiblichen Kraft zurückzuführen. Es ist keineswegs schlecht, dass Frauen darauf bestehen, ernst genommen zu werden. Es ist wichtig, dass sie sich zeigen. Doch wie schön wäre es, wenn sich diese Frauen nicht als Gefühlskalt oder hart zeigen müssten. Wie wunderbar und unglaublich kraftvoll wären sie, wenn sie sich mit ihrer innewohnenden Kraft und Energie verbinden würden und somit es nicht den Männern gleich zu tun versuchten.

Frauen werden damit beginnen, ihre eigene Form der Stärke zu entwickeln und zu leben. Diese Kraft ist nicht auf Konkurrenzkampf ausgerichtet, sie braucht ihn nicht. Denn letztlich sind Frauen und Männer keine Konkurrenten. Sie werden sich ergänzen, doch erst dann, wenn die weibliche Kraft anerkannt und respektiert wird.

Eine weitere Vorstellung über Frauen, die häufig auch so gelebt wird, sieht Frauen als diejenigen, die sich verstecken und zurückhalten sollen.

Viele, bereits sehr kraftvolle Frauen seht ihr gerne in helfenden Berufen, dort werden die weiblichen Kräfte geduldet.

Eine weitere, sehr hartnäckige Vorstellung, die medial stark gestützt wird, ist das Bild einer angeblich perfekt aussehenden Frau. Sie wird reduziert auf rein körperliche Vorzüge. Eine Frau soll am besten nicht zu viel ihrer Gedanken Preis geben, sonst würde womöglich das für schön erklärte Image zerstört.

Am Liebsten sieht man Frauen überall dort, wo sie sich möglichst leise verhalten und von den für wichtig erklärten Dingen die Finger lassen sollen. Es sei denn, es handelt sich um jene Karrierefrauen, die es den Männern gleich tun. Ihr lebt noch in einer Welt, die das Weibliche eher verachtet und zu unterdrücken versucht. Zupacken können, Härte zeigen, sich in Machtkämpfen zu behaupten, sowie unnachgiebig zu sein sind bislang überwiegend jene Faktoren, um im Beruf Erfolg zu haben, Karriere zu machen und auch öffentliche Anerkennung zu erhalten. Dies gilt für Frauen wie Männer in gleichem Maße. Feinfühligkeit, Bewusstheit und der Intuition zu folgen, wird bislang noch für exotisch gehalten. Viele haben so sehr den eigenen Zugang dazu verloren, dass die Panik sie regelrecht in eine andere Richtung zwingt.

Wie viele Frauen haben begonnen, sich diesen Vorstellungen zu beugen!

Innerlich schämen sich sogar viele Frauen ihrer weiblichen Energie und Kraft. Sie verurteilen sich selbst, wenn sie zu laut, zu ungestüm oder unberechenbar reagieren und nicht dem Bild des lieben Mädchens entsprechen. Sie schämen sich ihrer Körper, weil sie nicht jeden Tag gleich funktionieren. Wenn Frauen von ihrem Herzenswissen und ihrer Intuition erzählen und das womöglich nach außen tragen möchten, hört man ihnen kaum zu, nimmt sie nicht ernst und macht sie womöglich lächerlich.

Wie stark sind aber jene Frauen bereits, die es nicht wichtig nehmen, wie man über sie denken könnte. Wie stark sind jene, die ihrer Intuition folgen, ihre Gefühle und Wahrnehmungen ernst nehmen und sich einfach nicht davon abbringen lassen zu tun, was sie tun müssen.

Gleichsam gibt es einige Männer, die sehr viel weibliche Energie ausleben. Sie sind gefühlsbetont, verletzlich und weich doch trotzdem stark dabei *„Ja!"* zu sich selbst zu sagen. Auch sie werden oft genug ins Lächerliche gezogen. Männer haben sich nach den bisherigen Vorstellungen machtvoll zu präsentieren. Sie müssen Stärke zeigen und dürfen sich weder Gefühle noch Schwächen eingestehen. So sind die Paradigmen einer Wettbewerbsgesellschaft.

Wie stark aber sind bereits alle jene Männer, denen es gleichgültig ist, wie die allgemeinen Paradigmen aussehen. Sobald ein wahrhaft bewusster und fühlender Mann das nach außen tragen kann und zu sich steht, egal was ein anderer sagen könnte, ab diesem Moment ist er frei.

Lange hat die Menschheit sich überwiegend auf die Kraft des männlichen Prinzips gestützt. Die männliche Energie allein, ohne ihren weiblichen, so wichtigen Gegenpart, wurde ebenfalls zerstörerisch und grausam. Es ging nur noch um Machtkämpfe und darum, wer das Sagen hat und sich durchzusetzen vermag. Bis heute hat sich das noch nicht in großem Stile verändert. Ihr braucht nur eure Augen zu öffnen und eure Welt einmal aus diesem Blickpunkt zu betrachten.

Euer Handeln wurde dabei aber blind für das Verständnis des Lebens selbst. Ihr wurdet hart euch selbst und jedem anderen gegenüber. Ihr habt mit Machtausübung und Unterdrückung versucht, eure Ideen um jeden Preis durchzusetzen.

Ihr habt vergessen oder wolltet nicht wahrhaben, dass Intuition und die Verbundenheit mit Allem-Was-Ist notwendig sind.
Je mehr euch die liebende, wissende, hingebungsvolle, weibliche Seite eures Seins abhanden kam, desto mehr Leid und Zerstörung eures eigenen Lebensumfeldes war die Folge.
Auch die Natur und die Erde selbst werden dem weiblichen Prinzip zugeordnet. Ihr wisst selbst wie viel an Zerstörung dort geschah und noch immer geschieht.

Wandel

All das wandelt sich. Es muss sich wandeln, denn diese Unausgewogenheit jener Kräfte im Inneren, sowie in eurer äußeren Welt führen zu sehr viel Leid und würde euch letztlich zerstören.
Unterdrückte weibliche Energie führt zu einer Vielzahl von Krankheiten, zur Zerstörung eures Lebensumfeldes, eures gesamten Planeten. Blind gewordene männliche Energie führt zu einem ständigen Schaffen und Tun, welches nie ein Ende findet. Viele Menschen fühlen sich ausgelaugt und geben ständig viel zu viel von sich, weil die handelnde männliche Energie meint, alles tun zu können und zu müssen, um euer Überleben zu sichern.
Im schlimmsten Falle mündet all dies in blinden Aktionismus, der auch oft genug zu grausamen Handlungen führt.

Was hingegen vielen von euch fehlt, Männern als auch Frauen, ist wahrhaftes Annehmen. An der grundsätzlich fehlenden Dankbarkeit erkennt ihr es. Sie spielt eine entscheidende Rolle, ob ihr tatsächlich etwas in eurem tiefen Sein annehmen könnt oder nicht. Hier spielt euer eigener innerer Umgang mit eurer weiblichen Energie die entscheidende Rolle.

Solange diese Energie nicht ihren Platz zurückbekommt, könnt ihr keine Freude an eurem Leben empfinden. Die Dankbarkeit für euer Leben und alles, was ihr empfangt schwindet immer mehr.

Ihr meint womöglich, nur noch da zu sein, um zu schaffen und zu arbeiten.

Selbstverständlich ist es nicht das Ziel, eine neue Unausgewogenheit zu erzeugen. Männer sollen nicht verweiblicht werden. Es geht vielmehr darum, die weiblichen Kräfte der Intuition, der Empfänglichkeit und des Verständnisses um das Leben, das dem Kollektiv Mensch abhanden gekommen ist, wieder ihren Platz zuzugestehen.

Beide Kräfte, die männliche sowie die weibliche müssen in Einklang kommen. Anstatt sich zu bekämpfen und gegeneinander ausgespielt zu werden, müssen sie einander respektieren und gemeinsam agieren.

Nur wenn sie gemeinsam wirken, seid ihr kraftvolle Menschen, die sich ihrer Stärke bewusst sind und sie auch zum Wohle aller einsetzen können.

Die Kraft eines Anteils allein führt euch nicht weiter.

Viel an Aufklärungsarbeit liegt vor euch. Es reicht nicht, nur darum zu wissen, dass die weibliche Kraft dabei ist, zurückzukehren.

Viele grausame Dinge geschahen im Laufe der Jahrhunderte. All das ist tief in eurem Zellgefüge abgespeichert. Daher ist diese Rückkehr nicht einfach. Sofortige Balance und ein Gleichgewicht zu erwarten wäre eine Utopie. Ihr müsst es zunächst in euch selbst begreifen und Heilung zulassen.

Dafür ist es wichtig, über einige der vielen Unterdrückungsmechanismen, die sich durch die Speicherung in euren Zellcodes auf euer Leben, Denken und Fühlen massiv auswirken, bescheid zu wissen.

Dem Prinzip des Weiblichen wurde es auch über einen langen Zeitraum hinweg untersagt, sich frei zu äußern und seine Kraft zu zeigen. Es wurde mit machtvollen, mitunter sehr grausamen Unterdrückungsmaßnahmen zurückgedrängt und geächtet.

Ein Beispiel dafür waren die Hexenverbrennungen. Auch wenn ihr glaubt, das läge schon so lange zurück und das hätte gewiss keinen Einfluss mehr auf euer heutiges, modernes Leben, dann muss ich dir sagen, dass das nicht stimmt. Was damals passierte war etwas, das starken Demonstrationscharakter hatte. Es handelte sich um Frauen, die sich um ihre eigene Stärke bewusst waren. Sie wussten um die Wichtigkeit der Natur und das wahre Wesen der Dinge. Alle jene, die das auslebten und sich nicht der Bedrohung beugten und ihre weibliche Kraft verdrängten, waren in Lebensgefahr.

Sobald sie das Wissen, das sie in sich trugen nach außen hin zeigten und so zum Beispiel zur Heilung von Krankheiten einsetzten, so führte sie das häufig auf den Scheiterhaufen. Natürlich traf es nicht nur Frauen, sondern auch Männer, die in ähnlicher Weise nach ihrem inneren Wissen lebten.

Das hatte selbstverständlich stark abschreckende Wirkung. Viele Frauen, wie auch Männer begannen, ihre Intuition und dieses innere Wissen abzulehnen. Bis dies eines Tages beinahe ganz in Vergessenheit geraten war. Natürlich gab es immer wieder Frauen wie auch Männer, die sich diesem Wissen öffnen konnten und es im Geheimen auslebten.

Jedoch in der öffentlichen Wahrnehmung war dieses Wissen nicht mehr präsent, wurde geleugnet und als gefährlich oder als Spinnerei abgestempelt.

Dieses Beispiel ist nur eines von vielen.

Es ist also kein Wunder, dass ihr in eine Welt geboren wurdet, in der sich das weibliche Prinzip erst wieder seinen natürlichen Platz zurückerobern muss.

Es gehört zum natürlichen Lauf der Dinge, dass etwas so Grundlegendes niemals dauerhaft unterdrückt werden kann.

So liegen die Dinge heute anders. Alles will wieder in sein natürliches Gleichgewicht kommen. Somit muss auch die weibliche Kraft ihren Platz in allen Frauen und in allen Männern wiedererlangen.

Diese Wiederkehr des Weiblichen, sowie die Tatsache, dass sehr viel Leid mit der Verdrängung des weiblichen Prinzips verbunden ist, findet genau jetzt Ausdruck in den unterschiedlichen Aspekten aller Männer und Frauen, die zu dieser Zeit auf Erden leben.

Wie ihr es auch gerade erleben könnt, ist das männliche Prinzip nicht gerade erfreut, sich seine Vormachtstellung abnehmen zu lassen.

Die männliche Kraft, die sich noch immer als Alleinherrscher begreift, ist nach wie vor auf die Wahrung seiner Vormachtstellung bedacht.

Angst spielt eine wesentliche Rolle, denn abgekapselt vom weiblichen Wissen, hat es kein Vertrauen in das Leben selbst. Dieses fehlende Vertrauen verlangt einen hohen Preis, der hier zu zahlen ist.

Die blinde männliche Kraft muss alles unter Kontrolle behalten, um euer Leben in geordneten Bahnen halten – davon ist sie überzeugt! Sie handelt mitunter auch mutwillig hart und grausam, weil sie meint, dass es keine andere Möglichkeit gäbe.

Das weibliche Prinzip ist ungestüm und unberechenbar. Es bringt alles durcheinander und stellt somit genau diese

Bedrohung dar, welche die nicht geheilte männliche Kraft so fürchtet.

Wenn ich darüber spreche, dass die weiblichen Energien sich ihren Platz zurück erobern, dann muss euch klar sein, dass das nicht mit den üblichen Waffen geschehen kann, welche die männliche Energie benutzt.
Der Kampf der weiblichen Kraft ist keiner, der durch Waffen oder Fäusten seinen Ausdruck findet.

Die Transformation geschieht in jedem einzelnen Menschen selbst!
Diesen inneren Kampf zwischen männlicher und weiblicher Energie bemerkst du zum Beispiel, wenn dein Beschützerinstinkt, also dein männlicher Anteil, sich so stark in den Vordergrund drängt, dass er beginnt, deine Herzebene zu unterdrücken. Obwohl du etwas völlig anderes fühlst oder gerne tun würdest, tust du es trotzdem nicht. Doch in dir verbleibt ein ständig schlechtes Gefühl, weil du im Grunde genau weißt, du solltest eigentlich etwas Anderes tun. In diesem Zustand bekommst du Angst, wenn du deinem Herzen und deiner Intuition folgen willst. Das führt dazu, dass du möglicherweise etwas nur deshalb tust, weil du denkst das tun zu müssen, obwohl du immer noch müder oder ausgelaugter wirst.
Womöglich arbeitest du so lange, bis du krank wirst oder bis du einfach nicht mehr kannst. Deine Krankheit kommt von deiner weiblichen Energie, die dich daran hindern muss so weiter zu machen.
Hier gibt es viele Beispiele. Ich lade dich ein, einmal selbst zu beobachten, wo du selbst hart zu dir bist und nicht auf dein Herz hörst, weil du Angst bekommst, etwas Schlimmes könnte dir dann geschehen.

Die Wandlung geschieht aber auch auf eurer äußeren, materiellen Ebene, zum Beispiel in euren Beziehungen zueinander. Männer und Frauen haben dabei unterschiedliche Aufgaben.
Hier spielen eure klassischen Beziehungsmuster eine große Rolle.

Der Mann präsentiert, die für lange Zeit dominante, männliche Energie. Die Frau repräsentiert, die für lange Zeit unterdrückte, weibliche Energie.
Bei gleichgeschlechtlichen Partnerschaften teilen sich die Partner meist ihre jeweiligen Rollen auf.

Aufgaben der weiblichen Kraft

Vieles an Schmerzen, Wunden, Demütigungen wurden den Frauen, aber auch den Männern, die ihre weibliche Seite ausleben wollten auch in destruktiven Beziehungsmustern zugefügt. Machtkämpfe mit dem Ziel der Unterwerfung, Unterdrückung, körperlicher und seelischer Missbrauch geschahen häufig und sie passieren nach wie vor.
Diese Schmerzen sitzen tief im gesamten menschlichen Kollektiv. Sie sind über viele Generationen weiter gegeben, vererbt und auch immer wieder verstärkt worden.

Die Aufgabe der Frauen - wie auch jener Männer, die sich dem Ausleben ihrer weiblichen Seite verschrieben haben - ist es nun, diese alten Wunden, Schmerzen, Demütigungen und all die Unterdrückungen, die sie nun auch gefühlsmäßig durchleben müssen, anzunehmen, um somit in die Heilung zu kommen.
Die männliche Dominanz, die das lange Zeit nicht zulassen wollte und konnte, weicht bereits und gibt den Weg

frei, sodass alles an die Oberfläche treten kann, was der Heilung bedarf.

Die weibliche Energie, die sich nun langsam aus ihrer Unterdrückung und Knechtschaft befreit, ist zunächst weder liebend, noch heil.

Gerade zu Beginn der Befreiung kommen sehr viel Wut und Enttäuschung an die Oberfläche.

Im jetzigen Moment lassen viele Frauen ihre Männer nicht an sich heran, denn sie spüren so sehr ihre eigenen Verletzungen und Wunden, die nun der Heilung bedürfen. Sie benötigen viel Aufmerksamkeit und Hingabe.

Frauen haben daher die Aufgabe, ihre Schmerzen anzunehmen und sich liebevoll um sich zu kümmern.

Erst wenn die Schmerzen geheilt sind, wird Vergebung möglich. Damit das geschehen kann, muss die verletzte weibliche Energie mit der Herzenergie wieder verbunden werden. Wenn tiefe, wahrhafte Vergebung stattgefunden hat, kann sich die Frau wieder ihrem Mann öffnen und eine neue Art des liebevollen Miteinanders wird möglich.

Aufgaben der männlichen Kraft

Die meisten Männer - wie auch jene Frauen, die sich der Auslebung ihrer männlichen Aspekte über einen langen Zeitraum hinweg verschrieben haben - haben nun die Aufgabe, dass sie alle Gefühle annehmen, die ihnen nun bewusst werden.

Das weibliche Prinzip lässt sich nicht länger unterdrücken und die Männer erkennen zunehmend ihren Irrtum. Auch ihre eigene weibliche Seite verschafft sich immer mehr Gehör und lässt sich ebenso nicht mehr ignorieren. Den Männern wird nun vielfach bewusst, dass sie sich im Irrtum befanden und haben ein schlechtes Gewissen, da ihnen das nun auffällt. Sie fühlen sich in tiefer Schuld. Diese Schuldgefühle lähmen sie und lassen sie klein und hilflos wirken. Das männliche Prinzip wird dadurch noch schwächer und kraftloser. Dieses Gefühl der Schwäche verträgt das männliche Prinzip ganz schlecht. Es möchte ja beschützen – das ist seine Aufgabe. Es meinte bislang zu wissen, wie das geht. Nicht selten tritt erneut jenes Verhalten zutage, das ihr schon so lange eingeübt habt. Ihr wollt mit Machtausübung oder Aggressivität wieder die alte, gewohnte Balance herstellen. Das funktioniert nur so lange, wie ihr Kraft dafür habt – und genau diese Kraft schwindet. Es wird eine gewisse Form des Aufgebens dieser alten Mechanismen erforderlich sein. Dieses Aufgeben geht mit Kontrollverlusten einher. Es ist nicht einfach, damit umzugehen.

Auch Frauen werden in sich ähnliche Abläufe beobachten können, tragen auch sie diesen Kampf innerlich ebenfalls aus. Auch Frauen werden erkennen, dass sie ihre weibliche Seite oft genug verraten haben. Auch sie werden mitunter mit Schuldgefühlen und Rückfällen in alte Verhaltenweisen umzugehen haben.

Der erste Schritt muss sein, sich der eigenen Angst vor diesen gefürchteten Kontrollverlusten zu stellen. Lange Zeit hat man euch erzählt, dass aufzugeben ein Zeichen der Schwäche sei. Doch das genau stimmt hier überhaupt nicht. Alte Verhaltensweise aufzugeben, erfordert sehr viel Mut von euch, denn neue Dinge treten zutage, die ihr lieber nicht sehen wollt.
All das aber geschieht jetzt ganz automatisch, weil eure Schwäche dazu führt, dass niemand so wie bisher weiter machen kann. Alle Männer wie Frauen, die so gelebt haben, sind stark herausgefordert sich die Ängste einmal anzusehen, die so lange unterdrückt und ignoriert wurden.

Der danach folgende Schritt für die Heilung ist, zu beginnen, sich selbst zu vergeben. Männer werden auch ihre Frauen um Vergebung bitten müssen.

Nicht zufällig seid ihr in eure gegenwärtigen menschlichen Hüllen inkarniert. Während vieler anderer Inkarnationen habt ihr euch bereits all diese Schmerzen gegenseitig, wie auch euch selbst zugefügt.
Eure Heilung liegt darin, euch um Vergebung zu bemühen.
Vergebt euch zunächst immer selbst. Erkennt, dass es nicht um Schuld geht, sondern darum, etwas wieder zu erlangen, das ihr vergessen habt:
Die Liebe und ihre unerschütterliche Kraft.
Vergebt euch selbst, und bittet um Vergebung. Haltet euch nicht selbst in eurer Schuld gefangen. Befreit euch somit und befreit eure Liebesbeziehung zu eurer Partnerin von diesen destruktiven alten Mustern.
Übt euch in Verständnis ob der Wut und Wunden, die sie davongetragen hat. Seht sie euch an und helft ihr dabei, sich selbst zu heilen, indem ihr euren Frauen Respekt, Raum, Geduld und Zeit schenkt.
Gleichzeitig schenkt ihr all dies auch eurem eigenen inneren weiblichen Anteil, den ihr auf diesem Wege gleichzeitig Heilung schenkt.

Verletzlichkeit

Eine besondere Herausforderung bei diesem Heilungsprozess ist eine Attribut der weiblichen Energie, mit dem die meisten Menschen nicht wissen, wie sie damit umgehen sollen: Verletzlichkeit.
Verletzlichkeit ist eine Eigenschaft, die jeder von euch in sich trägt. In eurer Kultur wird Verletzlichkeit geächtet. Ihr fürchtet sie zutiefst. Die meisten versuchen, sie zu

verbergen, zu überspielen oder zu verdrängen. Viele Menschen hacken auf anderen herum, die sich verletzlich zeigen, weil sie ihre eigene Verletzlichkeit so auch in ihrem Inneren zu bekämpfen versuchen.

Verletzlichkeit ist in eurer Kultur eine sehr unerwünschte Eigenschaft, die keiner haben will. Wozu sollte sie auch gut sein, meint ihr. Sie würde euch behindern bei den Dingen, die ihr zu erledigen habt, glaubt ihr.

Ihr beginnt, euch ausgeliefert zu fühlen, wenn sie sich anschleicht. Ihr fürchtet die Kontrolle zu verlieren – das ist es, was eure männliche Energie euch glauben machen will.

Schaut euch nur einmal in eurem Umfeld um, was geschieht, sobald sich jemand schwach zeigt, seine verletzliche Seite zum Vorschein kommt? Sofort wird alles Mögliche unternommen, sowie gute Ratschläge gegeben. Es entsteht augenblicklich Stress im gesamten Umfeld.

Der Bote für dieses unerwünschte in Kontakt bringen mit der eigenen Verletzlichkeit, sieht sich oft tatsächlich Angriffen ausgesetzt, weil jene Gefühlsregung unerwünscht ist.

Ich rate euch nicht, eure Verletzlichkeit sofort mit allen möglichen Menschen eures Umfeldes zu teilen. Nehmt eure Verletzlichkeit für euch selbst und in euch selbst an. Darum geht es.

Eure Verletzlichkeit muss nicht korrigiert oder weggemacht werden. Das könnt ihr nie erreichen!

Über einen so langen Zeitraum hinweg, habt ihr alles unternommen sie zu überspielen und einen hohen Preis dafür bezahlt.

Sie ist ein Teil eurer eigenen weiblichen Energie und es bleibt euch über kurz oder lang nicht erspart, sich mit ihr auseinander zu setzen.

Geht mit ihr um, wie mit allen euren Gefühlen. Spürt sie! Lasst einfach zu, zu erfühlen, wo sie euch Angst macht, oder wo ihr Kontrollverluste befürchtet.

Das ist nicht angenehm, natürlich nicht! Ich kann euch aber versichern, wenn ihr in Frieden mit eurer eigenen Verletzlichkeit seid und ihr sie später einmal sogar zeigen könnt, ohne, dass ihr euch dafür schämt, dann seid ihr sehr viel stärker und kraftvoller. Ihr könnt endlich viel tiefer in euer Wesen und eure Urnatur eintauchen.

Räumt auch in eurer Partnerschaft Raum für Verletzlichkeit ein.

Kannst du es ertragen, wenn sich dein Partner verletzlich zeigt?

Oder musst du sofort eine Gegenmaßnahme ergreifen, damit er sich besser oder anders fühlt?

Du müsstest so viel weniger tun, als du denkst!

Lass die Dinge geschehen!

Dann beginnst du langsam zu begreifen, was deine Urnatur ausmacht. Du kannst dich Stück für Stück dem nähern, wer du wirklich bist und wie kraftvoll du sein kannst.

Doch sei dir bewusst, dass auch das etwas ist, das sich in dir einfach entwickelt und du es nicht beschleunigen kannst. Was du tun kannst ist, zu beginnen weniger einzugreifen und mehr anzunehmen, mehr geschehen zu lassen. Je mehr du versuchst, etwas Erwünschtes zu bewirken, umso weiter wirst du dich wieder entfernen von dem tiefen Wissen deiner weiblichen Seite. Sie weiß, dass alles geschehen muss wie es geschieht. Du darfst erfahren, dass du das auch zulassen kannst. Sie möchte dir zeigen, dass du in dein Leben Vertrauen haben darfst.

Ausgleich und Balance

Für alle gilt hinzusehen und anzunehmen, auch wenn es unangenehm ist. Gleichzeitig werden eure inneren männlichen und weiblichen Anteile geheilt, in Frieden und Einklang gebracht.

Ein Mensch, der beide Anteile in sich geheilt und stark in sich wirken lassen kann, der ist kraftvoll wie liebevoll. Ein solcher Mensche weiß um seine Kraft und muss nichts demonstrieren. Er muss niemanden bekämpfen, doch steht er in jedem Moment klar zu sich selbst.

Klarheit ist eine der wichtigsten Eigenschaften, die ihr erlangen könnt, um in diese Welt genau das zu bringen, wozu ihr hier seid. Mit dieser Klarheit seid ihr ganz selbstverständlich mit eurem Herzen, eurer Seele, eurem Denken, euren Gefühlen und eurem Handeln in völligem Einklang. Nichts in euch arbeitet gegen euch. Das macht euch so kraftvoll!

Ihr wisst auch genau, dass alles, was ihr auf diesem Wege umsetzt, euch selbst sowie gleichzeitig dem Wohle aller dient. Es stellt in keinem Fall mehr einen Widerspruch dar.

In diesem Zustand der Balance gibt es kein Konkurrenzdenken. Es geht niemals darum, sich selbst auf Kosten anderer zu bereichern. Es ergibt einfach keinen Sinn mehr, denn du bist reich. Du weißt was du kannst und was du willst. Jeder Kampf in eurer äußeren Welt endet, sobald der Kampf im Inneren beendet ist.

Die Unausgeglichenheit zwischen dem männlichen und weiblichen Aspekt hat dazu geführt, dass der Mensch sich von seiner Urnatur entfernt hat. Die Urnatur des Menschen weiß und trägt tief in sich das Wissen, um die geheimen Zusammenhänge des Lebens. Ein Mensch, der mit seinen Energien in Balance ist, der weiß, dass alles seine Richtigkeit hat, sowie um die Natur des Lebens, das sich in einem immer fortwährenden Fluss verändert. Er selbst nimmt an, was sich ihm zeigt. Greift er in etwas ein, so tut er das ausschließlich mit vollem Bewusstsein.

Wer seine weibliche Seite vollkommen angenommen hat muss nicht mehr für alles hart kämpfen. Er muss keine Angst davor haben, dass das Leben ihm etwas vorenthalten könnte. Die weibliche Energie heilt den Menschen von Innen, sie befreit ihn von dem ständigen Stress, etwas zu versäumen oder nicht richtig zu machen.

Männer, die ihr euren Frauen beim Heilen helft, ihr helft gleichzeitig euch selbst und eurem weiblichen Anteil.

Frauen, die ihr eure Wut und euren Ärger für all die Unterdrückung in euch zulasst und heilt, erlaubt, dass eure Männer euch dabei unterstützen dürfen. Ihr gewinnt das Vertrauen zurück. Gleichsam könnt ihr euch mit eurem eigenen männlichen Anteil versöhnen sowie eure männliche Kraft wieder achten und ehren. Ihr braucht sie, genau so wie eure weibliche Kraft.

Abschließende Gedanken

Ein solches Buch zu lesen kann dir sehr gut dabei helfen, dass du dich deinem Herzen, deiner Seele und deinem inneren Wissen ein großes Stück annäherst.

Doch Bücher zu lesen spricht dich nicht auf allen Ebenen gleichermaßen an. Es ist wichtig, dass du deinem eigenen Körper mehr Aufmerksamkeit schenkst.

Gedanklich und emotional machen Menschen derzeit enorme Fortschritte. Innerhalb sehr kurzer Zeitabständen lösen sich heutzutage Dinge, die vor wenigen Jahren noch Wochen oder Monate beansprucht haben.

Jedoch dein Körper ist viel langsamer. Er braucht Zeit, die neuen Informationen aufzuarbeiten.

Dein Körper ist ein wichtiger Bestandteil deines Seins, den viele Menschen oft vernachlässigen. Gib ihm Raum und Zeit, sich an neue Dinge anzupassen. Gönne dir Ruhe, wenn dir danach ist. Bewegung in der freien Natur, Spaß haben, Tanzen, Lachen sind lauter schöne Methoden, die sich positiv auf deinen Körper als auch in der Folge auf dein ganzes Sein auswirken.

Wie erwähnt dauert es eine Weile, bis dein Körper die Informationen, sowie die Erinnerungen an all das alte Wissen, das in dir wohnt, gewöhnt hat. Dort gibt es eine Menge, was sich dir schrittweise offenbaren wird. Es muss aber immer auch in dein Zellgefüge integriert werden.

Daher ist es nicht ratsam, unmittelbar nach dem Lesen eines Buches wie diesem hier, schwerwiegende Entscheidungen zu treffen. Gib dir Zeit und Raum um, wie nach einer ausgiebigen Mahlzeit, zu verdauen. Nimm dir so lange Zeit, bis du das Gefühl hast, dass du genau weißt, was du tun willst.

„Geschichten berühren uns viel tiefer,
als wir es mit unserem Verstand und unserer Logik je begreifen
könnten.
Sie enthalten tiefes Wissen, das nur die Seele kennt und wahr-
haft versteht!
Es ist mir ein Anliegen, meine Leser ein Stück weit wieder dem
näher zu bringen, was tief in ihrer Seele wohnt -
ein Ort, an dem wir unglaublich tiefen Frieden, Erholung und
wahres Glück finden können, wenn wir den Mut aufbringen,
unserem Herzen und unsere Seele zuzuhören und wieder zu
vertrauen beginnen.
In unseren Herzen und unserer Seele liegt so viel Liebe, so viel
Kreativität und Potential für ein wahrhaft glückliches Leben,
das sich täglich mehr und mehr entfalten will."

Eva-Maria Eleni

Der kleine Lichtfunke
Roman
Eva-Maria Eleni

Viele Geschichten enden dann, wenn sich zwei Menschen nach langem hin und her endlich gefunden haben. Nun gibt es offenbar nichts mehr zu erzählen, denn das Ziel aller Träume ist nun erreicht. Oder doch nicht? Die Geschichte von Lucia und Ben beginnt dort, wo viele Geschichten enden.

Worum geht es nun im Leben der beiden, nachdem sie ein großes Lebensziel, das Finden der großen Liebe, erreicht haben? Lucia wird vor einige Herausforderungen gestellt, so versucht sie herauszufinden, was ihre Berufung in diesem Leben sein könnte. Auf ihrer Suche begegnet sie interessanten Menschen, wie dem geheimnisvollen Erik, der ihr einiges über Lichtfunken erzählt. Doch dann ist Ben eines Tages verschwunden...

ISBN: 9783842351370

Herzensbrücke
Roman
Eva-Maria Eleni

Luis war müde und seines bisherigen Lebens überdrüssig. Er stellte sich Fragen: War das wirklich schon alles? Wer bin ich wirklich? So packte er seinen Rucksack, um sich auf die Suche zu begeben.

Dies ist die Geschichte einer ungewöhnlichen Reise.
Eine Reise, die Luis bis an seine Grenzen und darüber hinaus führen sollte. Bis er schließlich an einen Ort gelangte, wo ihm der Zauber des Lebens offenbart werden wollte.
Doch konnte er nicht verweilen. Magisch angezogen von den Erzählungen über eine alte Frau, zog es ihn fort, um sie zu suchen und zu entdecken, weshalb sie solch eine Anziehungskraft auf ihn ausübte....

Es ist eine Geschichte über den Mut, den es braucht, um seinen Träumen zu folgen.

ISBN: 978 3 8482 0000 9